Best of
ITALY
25 tesori del Bel Paese

Touring Club Italiano
Presidente Franco Iseppi
Direttore generale Fabrizio Galeotti

Touring Editore
Responsabile editoriale Cristiana Baietta
Editor Ornella Pavone
Redazione Monica Maraschi
Responsabile tecnico Francesco Galati

Illustrazioni Giorgio Pomella
Testi Mady Rigoselli
Traduzione Lucy Claire Smith
Progetto grafico e impaginazione mncg - Milano

Strada 1, Palazzo F9, 20090 Assago - Milano
www.touringclub.com

Fotolito Emmegi Multimedia - Milano
Stampa e legatura N.I.I.A.G. SpA - Bergamo

Codice H0713A
EAN 9788836552986

Best of
ITALY
25 tesori del Bel Paese

Touring Editore

Sommario

Contents

Spettacolo Italia

Da un viaggio in Italia, che sia vacanza o *Grand Tour*, si torna carichi di immagini: impressioni, ricordi visivi, appunti mentali e, inevitabilmente, fotografie.
I giovani aristocratici, tra Seicento e Ottocento, affrontavano il viaggio di istruzione e di iniziazione al mondo scendendo dal Nord Europa alla penisola italiana, cuore culturale e artistico del Vecchio Continente. E qui facevano disegni dei luoghi che scoprivano. A volte – se ne avevano vocazione e talento – li dipingevano e aprivano comunque la strada all'opera di pittori veri, che realizzavano poi ariose vedute di paesaggi e precisi ritratti di città.
Andavano a Roma, capitale del 'turismo' fin dai primi Giubilei, a Venezia, a Firenze, a Napoli e nel Sud, alcuni spingendosi perfino in Sicilia. Altri divagavano per mete cosiddette minori, alla ricerca di luoghi meno battuti ma sempre incantevoli. Oggi noi viaggiamo per tutta Italia forti della possibilità di produrre immagini rapide (non necessariamente banali!) con fotocamere digitali alla portata, letteralmente, di tutte le tasche.

Le 25 grandi illustrazioni che questo volume propone, opera di un grande disegnatore di architetture, ci proiettano in una dimensione di conoscenza ma soprattutto di fascino e di piacere. Riprendono altrettanti celebri luoghi italiani e sono vedute a volo d'uccello, spaccati, alzate, piante, scorci prospettici a volte vertiginosi che uniscono la precisione del dettaglio alla magia dell'insieme, reso dal disegno in tutta la sua complessità. Non si tratta dunque di semplici riproduzioni, ma di vere interpretazioni di luoghi esemplari, "letti" da un autore con pazienza e amore. Che sia Palazzo Ducale di Mantova o l'Isola Bella sul Lago Maggiore, piazza Navona a Roma o il Maschio Angioino a Napoli, ogni disegno di Giorgio Pomella conferma la nostra esperienza di visita e la arricchisce di particolari nuovi e nascosti, liberandoci dal vincolo 'terrestre' cui siamo normalmente obbligati. Qui infatti ci solleviamo in volo e osserviamo edifici e piazze dall'alto, esploriamo gli interni in sezione, ci soffermiamo nell'esame ravvicinato di un dettaglio o abbracciamo in un solo sguardo un insieme vasto e complesso. Nessuna fotografia riesce a fare tanto, e qui sta il valore aggiunto di questo libro.

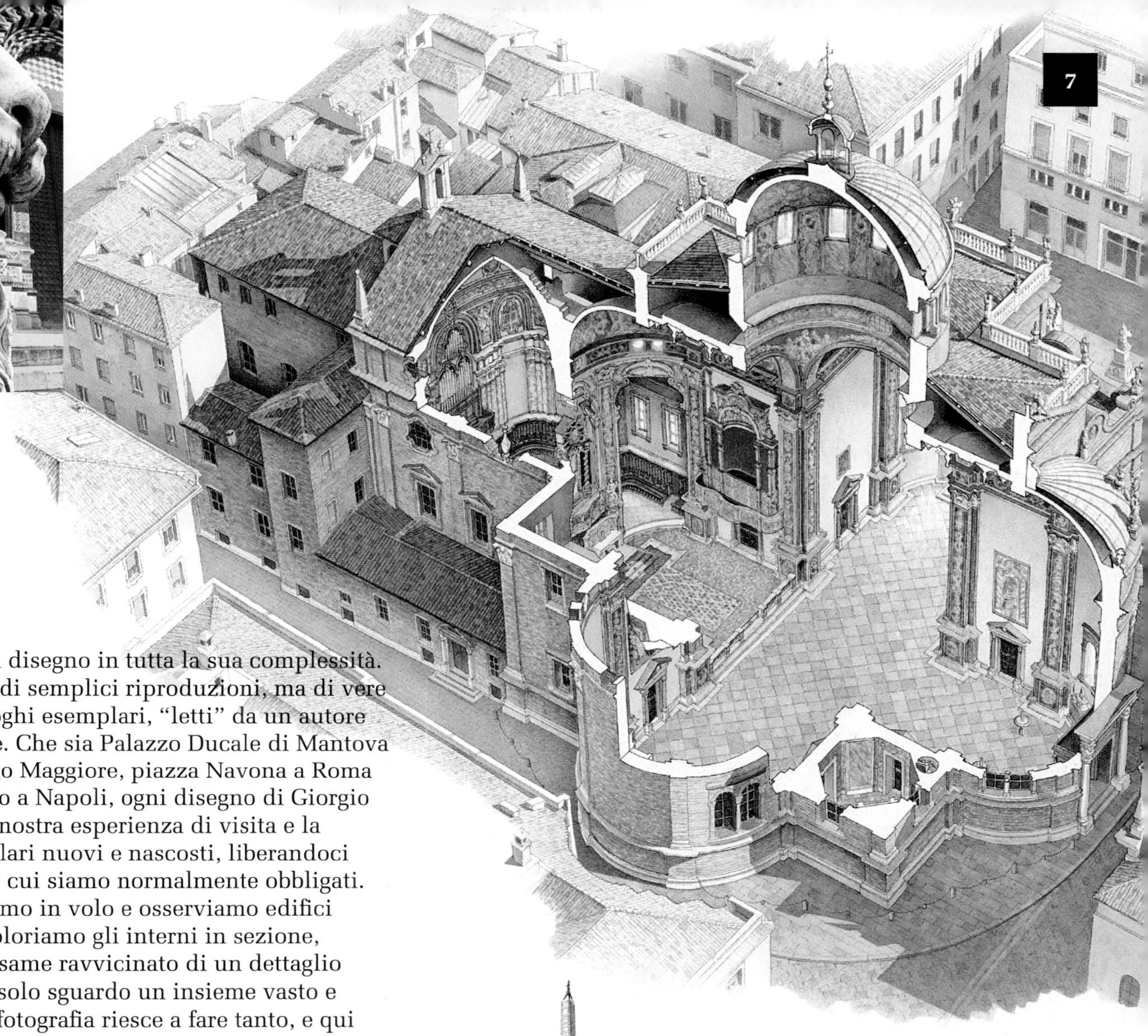

Le illustrazioni, corredate di *legenda* per capire anche i dettagli e precedute da spettacolari foto che collocano ogni luogo nel proprio contesto, propongono 25 mete imperdibili del viaggio in Italia. Ma ovviamente non esauriscono l'elenco dei tesori italiani universalmente noti: lo impedisce la strepitosa ricchezza del nostro patrimonio storico e artistico. Ma soprattutto non è questo l'intento di un volume che non nasce come guida turistica, bensì come Atlante di ricordi e di emozioni. L'elenco dei luoghi illustrati è comunque esemplare, e copre tutte le regioni italiane dal Piemonte alla Puglia, dal Friuli Venezia Giulia alla Sardegna e alla Sicilia, perché ogni regione ha il suo tesoro più o meno nascosto, più o meno visitato, comunque prezioso.
Ciò che resta, al termine delle pagine del volume, è la consapevolezza di quanto inimitabili siano gli spazi che caratterizzano, da secoli e ancora oggi, il vivere in Italia, modelli e archetipi creati da millenni di storia e di arte: la piazza, la chiesa, il palazzo, la villa, il castello, l'archeologia. *Best of Italy*, appunto.

GIORGIO POMELLA
Nato a Garessio, in provincia di Cuneo nel 1951, si è trasferito giovanissimo a Milano dove ha seguito studi di carattere tecnico e ha frequentato corsi di architettura e di illustrazione.
È diventato illustratore professionista specializzandosi in cartografia, disegno scientifico e di architettura. In vent'anni di attività si è affermato come uno dei massimi illustratori italiani: a lui si devono le più dettagliate, fedeli e spettacolari riproduzioni delle bellezze architettoniche del nostro Paese. I suoi lavori sono stati pubblicati da molte case editrici, tra cui Touring Editore, Giorgio Mondadori, De Agostini, San Paolo, Gruner+Jahr/Mondadori. Quando non disegna, ama ascoltare musica classica e fare lunghe passeggiate nei boschi.

An Italian Spectacle

Whether it be a holiday or a Grand Tour *a trip to Italy means taking home bags of pictures: sensations, memories, mental notes and, inevitably, photos.*
From the 17th to the 19th centuries, young aristocrats were introduced to the world by embarking on long educational journeys from northern Europe to the Italian peninsula, the cultural and artistic heart of the Old Continent, where they would draw the places they discovered. Occasionally - if they were sufficiently gifted and willing - they would paint them and pave the way for the work of real artists, who then created more airy views of landscapes and detailed representations of cities.
They travelled to Rome, a hub of tourism since the first Jubilees, to Venice, Florence, Naples and the south, some even going as far as Sicily. Others roamed areas which were considered to be less significant, seeking lesser known but equally as enchanting spots. These days we travel around Italy from top to toe certain of producing rapid images (but not necessarily banal!) with digital cameras which are accessible - literally - to all pockets.

The 25 large illustrations in this book, work of a great artist of architecture, accompany us into a dimension of learning but more of appeal and enjoyment. They capture 25 famous Italian places: bird's eye views, cross-sections, elevations, floor plans, sometimes dizzy perspectives - drawings whose complexity unite precision in detail to

an overall sensation of magic. So, they are not simply reproductions, but true interpretations of exemplary places that have been patiently and lovingly perceived by an artist. Whether it is the Palazzo Ducale in Mantua or Isola Bella on Lake Maggiore, Piazza Navona in Rome or the Maschio Angioino in Naples, each of Giorgio Pomella's drawings confirms what we experience during our own visit and amplifies it with new hidden treasures, freeing us from the usual 'earthly' confines. Here we take flight and observe buildings and squares from up high; we explore cross-sectioned interiors; pause to examine a detail up close or embrace a vast and complex view in its entirety. No photographer can achieve a similar feat and it is this that makes this book special.

The illustrations, linked to a legend *to help understand the details and preceded by spectacular photos which slot each location into its context, show 25 destinations that cannot be missed during a trip to Italy. Obviously this is not a complete list of the world famous Italian gems; such a thing would be impossible considering the incredible wealth of this country's artistic and historic heritage. Indeed this book was never intended as a guide book but as an atlas of memories and emotions. The list of illustrated locations is exemplary and covers all regions in Italy from Piedmont to Puglia, from Friuli Venezia Giulia to Sardinia and Sicily, because each region possesses, whether hidden from sight or highly popular, a very precious treasure. Once the last page has been turned, what remains is an awareness of how unique the spaces are which characterise life in Italy, today and for centuries, models and archetypes created through millennia of history and art: the square, the church, the stately home, the villa, the castle, the archaeology. Indeed* The Best of Italy.

GIORGIO POMELLA

Giorgio Pomella was born in Garessio, in the province of Cuneo, in 1951, but moved to Milan when he was very young. His academic career was predominantly technical and he took courses in architecture and illustration. He became a professional illustrator and specialised in paper-transformation, scientific and architectural drawing. In twenty years he has become one of Italy's most prominent illustrators: we have him to thank for some of the most detailed, spectacular and faithful reproductions of Italy's architectural treasures. His works have been published by many editors including Touring Editore, Giorgio Mondadori, De Agostini, San Paolo, Gruner+Jahr/Mondadori.
When he is not drawing, he loves listening to classical music and taking long walks in the woods.

Aosta

Valle d'Aosta

Piccola ed elegante, impreziosita da imponenti vestigia romane e chiese medievali, si presenta come una città bomboniera dove la vita sembra scorrere second ritmi propri, quasi fuori dal tempo. La circonda una regione alpina spettacolare, sinonimo stesso di "grande montagna", in cui le massime vette d'Europa si alternano a profonde valli costellate di piccoli borghi, alti pascoli e vigneti in quota. Fu terra di transito strategica e perciò fittamente presidiata da castelli.

Aosta, a wedding cake city, is small and elegant, embellished with imposing Roman vestiges and medieve churches; life goes at its owr pace, almost detached from time. It is surrounded by a spectacular alpine region, the synonym of 'high mountains', where the highest peaks in Europe alternate with deep sweepin valleys decorated with tiny hamlets, mountain pastures and vineyards. These were lands of strategic transit anc for this reason are densely covered with castles.

12

Da sinistra, il castello di Cly e le torri del castello di Fénis. Alle pagine 10-11, la vetta del Monte Bianco.

From left, the Castle of Cly and towers of the castle of Fénis. On pages 10-11, the summit of Mont Blanc.

I castelli

I castelli valdostani avevano in origine il semplice scopo di difesa e controllo del territorio: erano torrioni cinti da mura. Pur con l'aggiunta di ulteriori edifici, mantennero l'aspetto di fortificazioni fino al XII secolo: lo mostrano i castelli di Graines o di Cly, arricchiti da cappelle romaniche. Poi le loro architetture si fecero sempre più complesse e raffinate, accogliendo in un unico corpo di fabbrica anche funzioni residenziali. I castelli di Fénis e di Issogne ne sono illustre esempio.

The Castles

The castles of the Aosta valley were originally intended for defence and territory control: they were keeps surrounded by walls. Despite additional building, they maintained the appearance of fortifications until the 12th century: the castles of Graines and Cly, enriched with Roman chapels, are examples of this. Later the architecture became increasingly more complex and refined: a single building would also be used as a home. The castles of Fénis and Issogne are fine examples of residential castles.

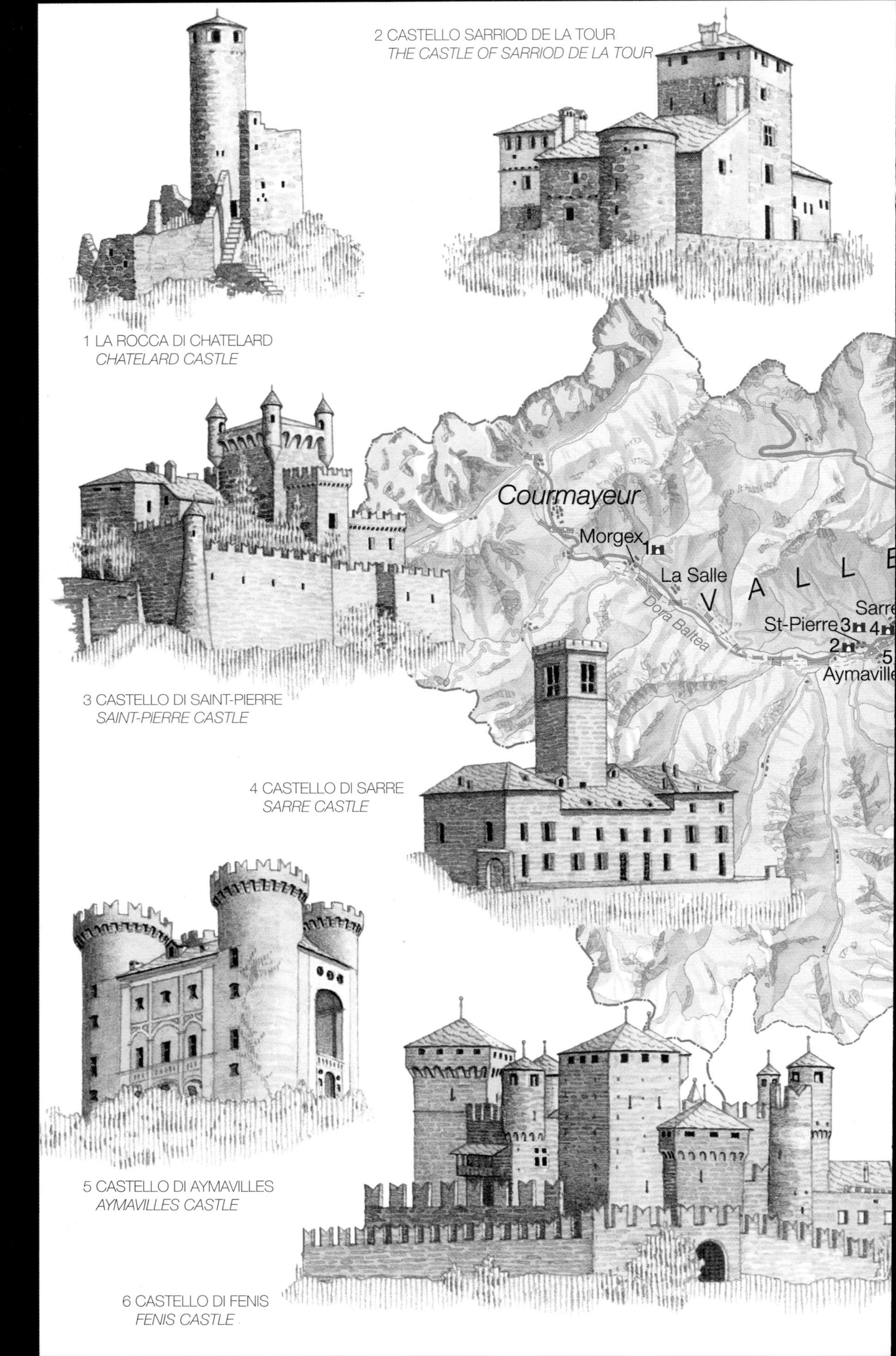

1 LA ROCCA DI CHATELARD
CHATELARD CASTLE

2 CASTELLO SARRIOD DE LA TOUR
THE CASTLE OF SARRIOD DE LA TOUR

3 CASTELLO DI SAINT-PIERRE
SAINT-PIERRE CASTLE

4 CASTELLO DI SARRE
SARRE CASTLE

5 CASTELLO DI AYMAVILLES
AYMAVILLES CASTLE

6 CASTELLO DI FENIS
FENIS CASTLE

7 CASTELLO DI CLY
CLY CASTLE
N
0
10
Km
8 CASTELLO DI USSEL
USSEL CASTLE
D' A O S T A
St-Denis
Chatillon
7
St-Vincent
10
Graines
8
6
OSTA
Fénis
Dora Baltea
Ussel
9
Montjovet
11
Verrès
12
Issogne
13
Bard
Pont-St-Martin
9 CASTELLO DI SAINT-GERMAIN
SAINT-GERMAIN CASTLE
10 CASTELLO DI GRAINES
GRAINES CASTLE
11 CASTELLO DI VERRÈS
VERRÈS CASTLE
13 FORTE DI BARD
BARD FORTRESS
12 CASTELLO DI ISSOGNE
ISSOGNE CASTLE

ISOLA BELLA

Isole Borromee

Piemonte

Sono le perle del Lago Maggiore, a poca distanza dalla costa di fronte a Stresa, e godono di fama internazionale per le bellezze naturali e artistiche che custodiscono. L'Isola Bella e l'Isola Madre ospitano due sontuose dimore della nobile famiglia Borromeo, circondate da altrettanti giardini riconosciuti tra i più belli d'Italia. La piccola Isola dei Pescatori completa il quadro con il suo antico borgo tutto vicoletti e deliziosi scorci paesaggistici.

These are the pearls of Lake Maggiore, close to the water's edge opposite the town of Stresa, and enjoy international fame for their natural and artistic beauty. Each of the islands, Isola Bella and Isola Madre, houses sumptuous residences belonging to the noble family Borromeo; both are surrounded by gardens recognised as being among the most beautiful in Italy. The tiny Isola dei Pescatori completes the picture with its old hamlet of narrow alleys and breathtaking views.

Da sinistra, due scorci del magnifico giardino di palazzo Borromeo sull'Isola Bella. Alle pagine 16-17, l'Isola Bella.

From left, two views of the magnificent garden of Palazzo Borromeo. On pages 16-17, Isola Bella.

Isola Bella

Era solo un piccolo insediamento di pescatori finché, nel 1632, il conte Carlo III Borromeo volle edificarvi, in omaggio alla moglie, il monumentale palazzo preceduto da stupende scalinate che oggi ospita il Museo storico e artistico. Intorno si stende il celebre giardino all'italiana: artico[illegible]n dieci terrazze digradanti sul lago, è ricco di statue e fontane e, soprattutto, di specie botaniche che nel periodo della fioritura lo trasformano in un impareggiabile mosaico di colori.

This island was once no more than a small fishing village until 1632, when Count Charles III Borromeo decided to build a stately home, with stunning monumental steps, as a gift for his wife. Today it contains the historic and artisti[illegible] museum. Around it lies [illegible]e famous Italian garden: arranged over ten terraces leading down to the lake, it is rich with statues and fountains but, above all, with species of plants which, when in flower, transform it into an unequalled mosaic of colour.

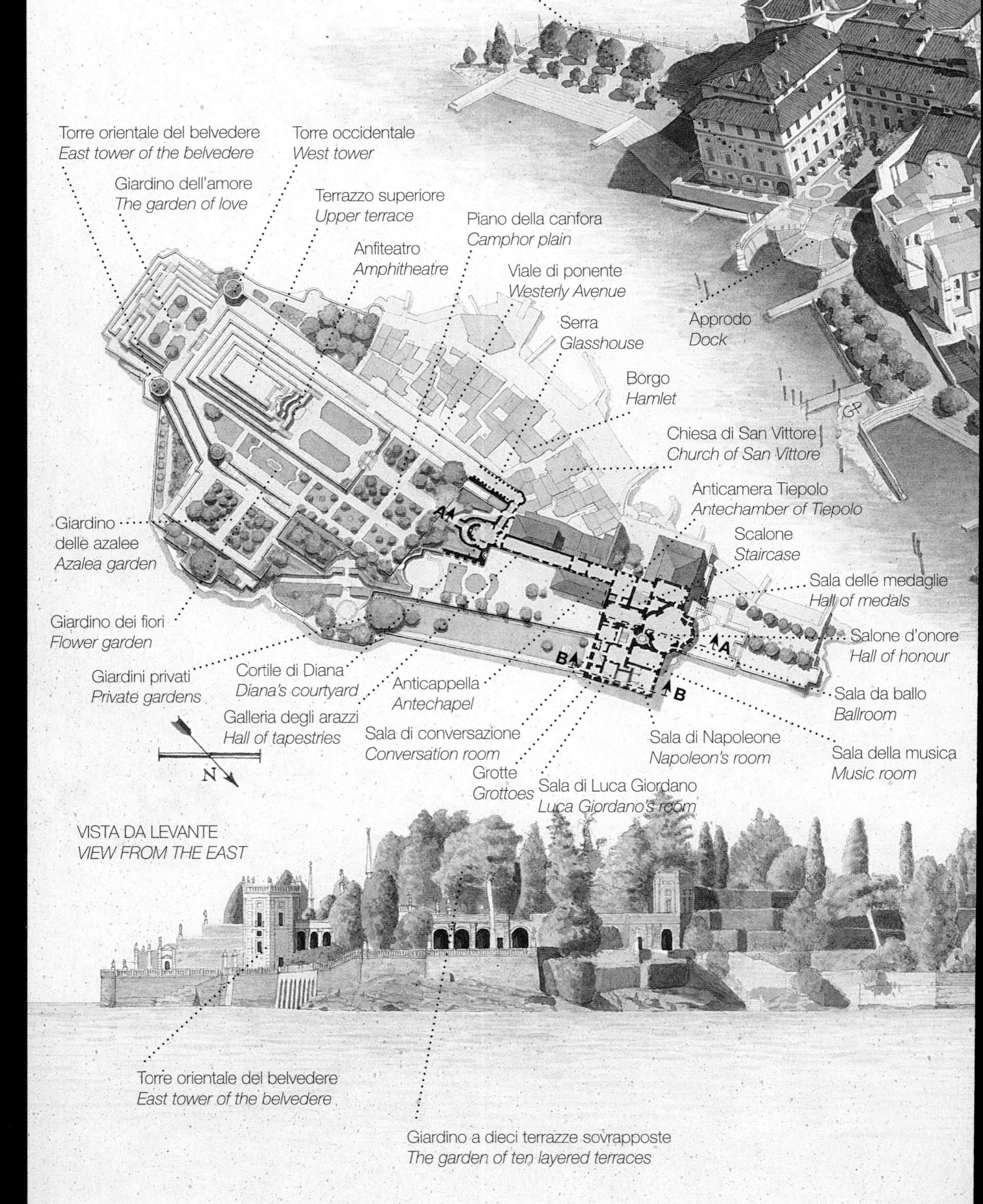

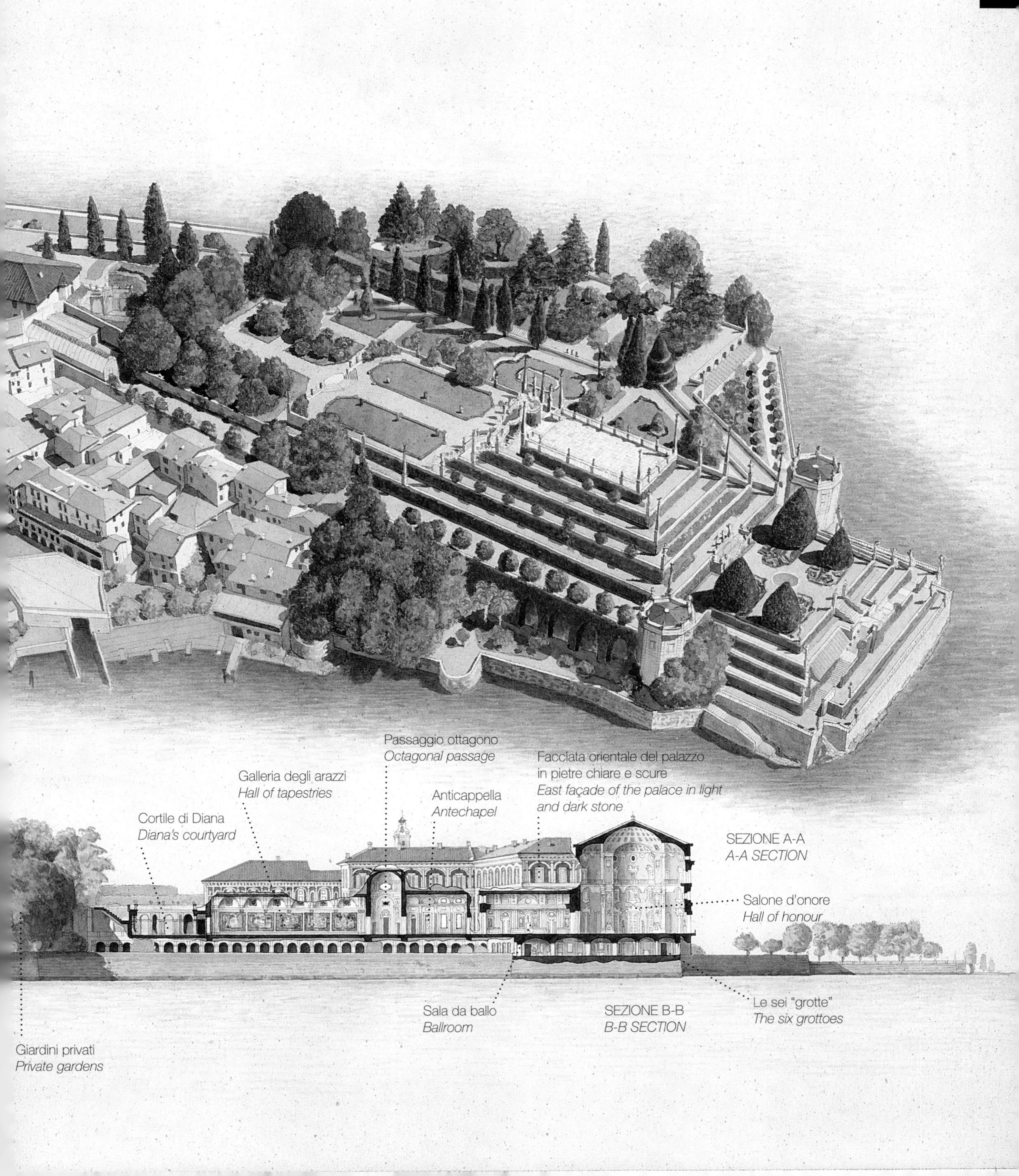
Passaggio ottagono
Octagonal passage
Facciata orientale del palazzo
in pietre chiare e scure
East façade of the palace in light
and dark stone
Galleria degli arazzi
Hall of tapestries
Anticappella
Antechapel
Cortile di Diana
Diana's courtyard
SEZIONE A-A
A-A SECTION
Salone d'onore
Hall of honour
Sala da ballo
Ballroom
SEZIONE B-B
B-B SECTION
Le sei "grotte"
The six grottoes
Giardini privati
Private gardens

Genova

Liguria

Città dal glorioso passato, Genova ha sempre legato le sue sorti al mare e all'attivissimo porto. Appare così sospesa tra antico e moderno. Basta uno sguardo al suo nucleo storico: i "caruggi", strette vie fiancheggiate da case altissime di medievale memoria, e le piazze tardo-rinascimentali profilate di edifici nobili, portici e chiese. E la zona del Porto Antico, dove si apre un velo sul futuro nei progetti di Renzo Piano, come l'Acquario, tra i più grandi e ricchi d'Europa.

A city with a glorious past, Genoa has always been tied to the sea and its busy port. It looks as if it is suspended between the ancient and the modern.
A glance at the city centre is enough: the 'caruggi', or narrow streets lined with very tall medieval buildings, and the late-renaissance square surrounded by noble residences, porticoes and churches. It is the old Port area, where Renzo Piano's architectural designs open to the future, such as the Aquarium, one of the largest and richest in Europe.

Da sinistra, il Grande Bigo e un affresco in Palazzo Rosso. Alle pagine 22-23, la cattedrale di San Lorenzo.

From left, the Grande Bigo and a fresco in Palazzo Rosso. On pages 22-23, the cathedral of San Lorenzo.

Piazza Banchi

Lambita un tempo dal mare, la piazza ospitò il mercato del grano e quindi divenne centro di attività commerciali, gremita di banchi di scambio da cui trae il nome. Qui operava anche il boia. Lungo il perimetro si stagliano la Loggia dei Mercanti, sede della prima Borsa Merci Italiana ora destinata a mostre ed eventi, e la chiesa di San Pietro in Banchi, curiosamente ‘sopraelevata’ per poter vendere ai commercianti gli ambienti del piano terra e finanziare in tal modo il progetto.

Once washed by sea water, the square used to be the home of the grain market therefore becoming the centre of commerce and was consequently crammed with market stalls from which its name derives. This was also where the executioner operated. Around the edge of the square stands the Merchants Lodge, the first Italian Produce Exchange now used for exhibitions and events, and the church of San Pietro in Banchi, curiously ‘raised’ so ground floor space could be sold to the merchants and finance the project.

LOGGIA DEI MERCANTI
MERCHANT'S ARCADE

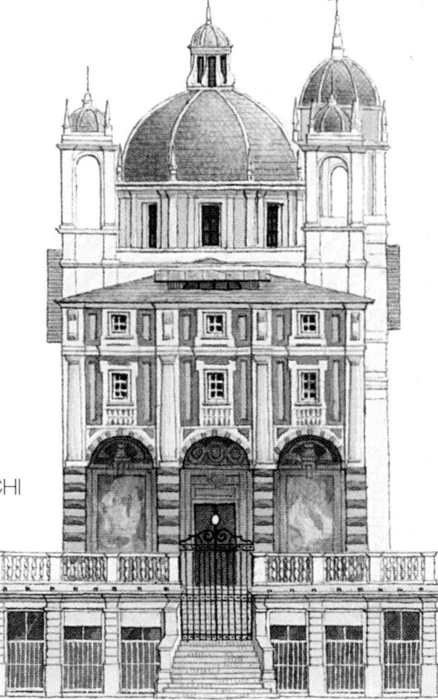

SAN PIETRO IN BANCHI

1 Chiesa e botteghe di San Pietro in Banchi / *Church and shops of San Pietro in Banchi*
2 Palazzo Serra
3 Antica loggia del Comune / *The old town hall arcade*
4 Loggia dei Mercanti / *Merchant's arcade*
5 Palazzo di Negro

Milano

Lombardia

Da sempre vocata ai commerci, Milano ha fama di capitale economica e industriale d'Italia, storico polo di cultura vicino all'Europa. È una metropoli all'avanguardia e lo dimostra nel suo aspetto d'insieme, nella creatività che impazza e nelle notti animate da mille proposte. Ma anche qui, dove il tempo vola, i secoli hanno lasciato il segno: non solo il Duomo e il Castello Sforzesco, due icone, ma tanti più riposti gioielli d'arte e architettura di ogni età e persino sorprendenti angoli poetici.

Milan has always been drawn to commerce; it is known as the industrial and economic capital of Italy and has always been a cultural hub close to the rest of Europe. It is a metropolis projected towards the future and this is quite evident just looking at the city; its overflowing creativity and nights animated with a thousand ideas. But even here, where time flies, the centuries have left their mark: not just two icons such as the cathedral and the Sforzesco Castle but many other hidden artistic and architectural treasures of all ages and even unexpected poetic niches.

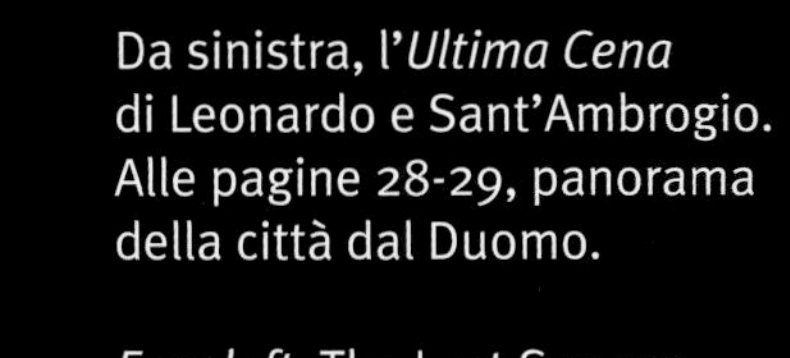

Da sinistra, l'*Ultima Cena* di Leonardo e Sant'Ambrogio. Alle pagine 28-29, panorama della città dal Duomo.

Fom left, The Last Supper *by Leonardo and Sant' Ambrogio. On pages 28-29, panoramic view of the city from the cathedral.*

Basilica di Sant' Ambrogio

Fondata nel IV secolo dal vescovo di Milano a cui poi venne intitolata, è il più bell'esempio di architettura romanica nell'area padana. Nonostante i ripetuti restauri e rimaneggiamenti, mantiene integro il suo fascino originario. La rigorosa facciata a capanna, al fondo dell'atrio esterno porticato, e la muratura in cotto tipica in città già denunciano la sobrietà dell'edificio, decorato con gusto e misura anche nell'interno e proprio per questo intriso di un'intensa spiritualità.

Founded in the 4th century by the Bishop of Milan after whom it was later named, it is the finest example of Romanic architecture in the Po valley. In spite of repeated restoration and rearrangement, it maintains its original charm. The severe gabled facade, the bottom of the outer porch and portico, and the terracotta walls which are typical of the city indicate the building's sobriety, decorated with taste and measure inside and out and for this reason possesses an intense sense of spirituality.

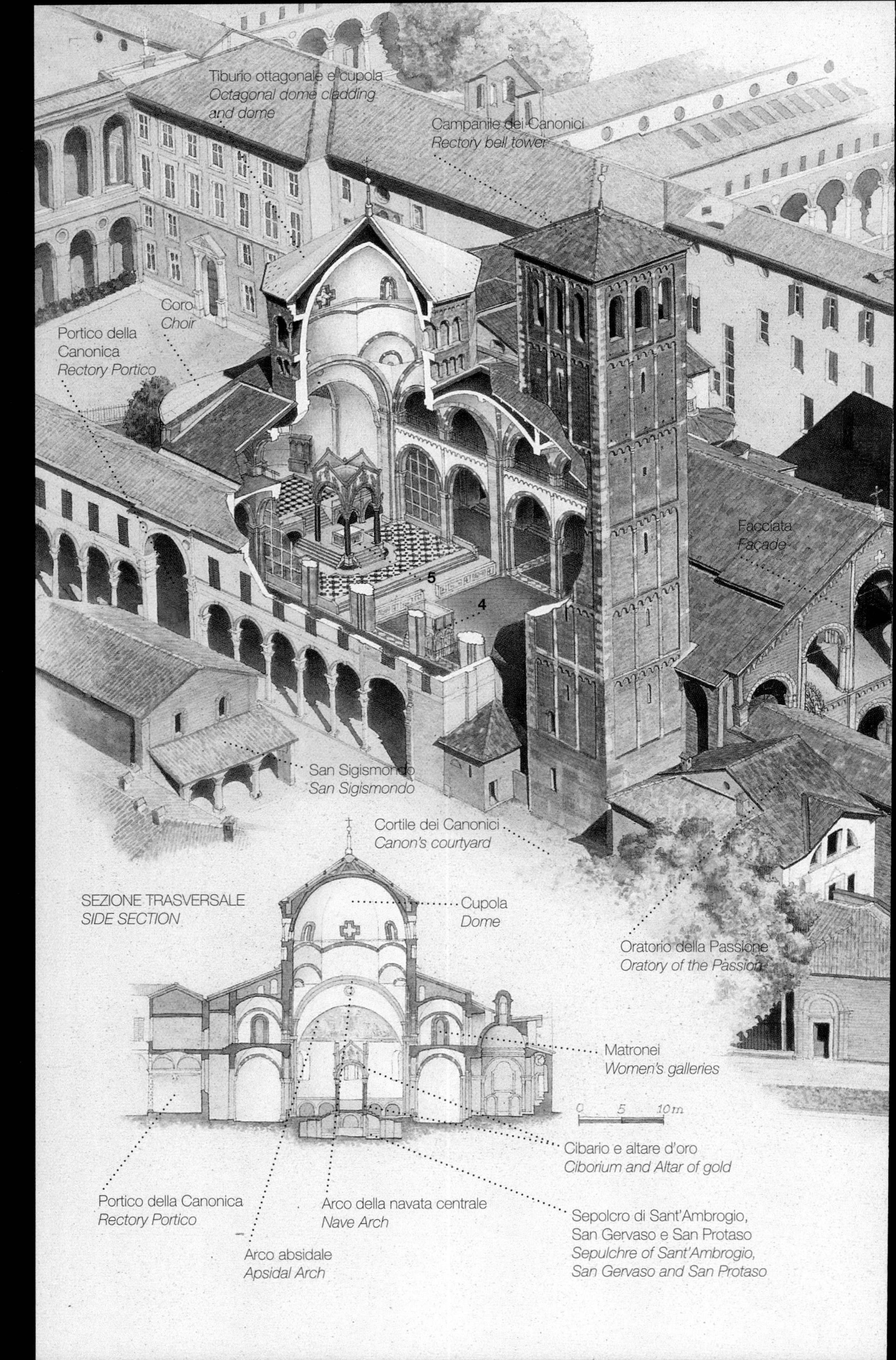

Campanile dei Monaci
Monk's bell tower

1 Statua di Pio IX / *Statue of Pope Pius IX*
2 Colonna del serpente di bronzo / *Column of the bronze serpent*
3 Colonna con la croce / *Column with cross*
4 Ambone e sarcofago detto Stilicone / *Ambon and sarcophagus called Stilicone*
5 Ciborio e altare d'oro / *Ciborium and Altar of gold*
6 Discesa alla cripta con il sepolcro di Sant'Ambrogio / *Descent to the crypt and Sepulcher of Sant'Ambrogio*
7 Uscita alla cripta / *Crypt exit*
8 Altare dei Santi Nobore e Felice / *Altar of Saints Nobore and Felice*
9 Sacrestia dei Monaci / *Monk's vestry*
10 Galleria / *Gallery*
11 Anticappella / *Antechapel*
12 Sacello di San Vittore in Ciel d'Oro / *Sacellum of San Vittore in Ciel d'Oro*
13 Cappella di Sant'Ambrogio morente / *The Chapel of Sant'Ambrogio on his death bed*
14 Cappella di San Giorgio / *The Chapel of San Giorgio*
15 Cappella del Sacro Cuore / *The Chapel of the Sacred Heart*
16 Cappella di Santa Savina / *The Chapel of Santa Savina*
17 Cappella di Santa Marcellina / *The Chapel of Santa Marcellina*
18 Cappella di San Satiro / *The Chapel of San Satiro*
19 Cappella della Deposizione / *The Chapel of the Deposition*
20 Battistero / *Baptistery*
21 Cappella della Madonna dell'Aiuto / *The Chapel of the Madonna of Aid*
22 Già cappelle / *Former Chapels*

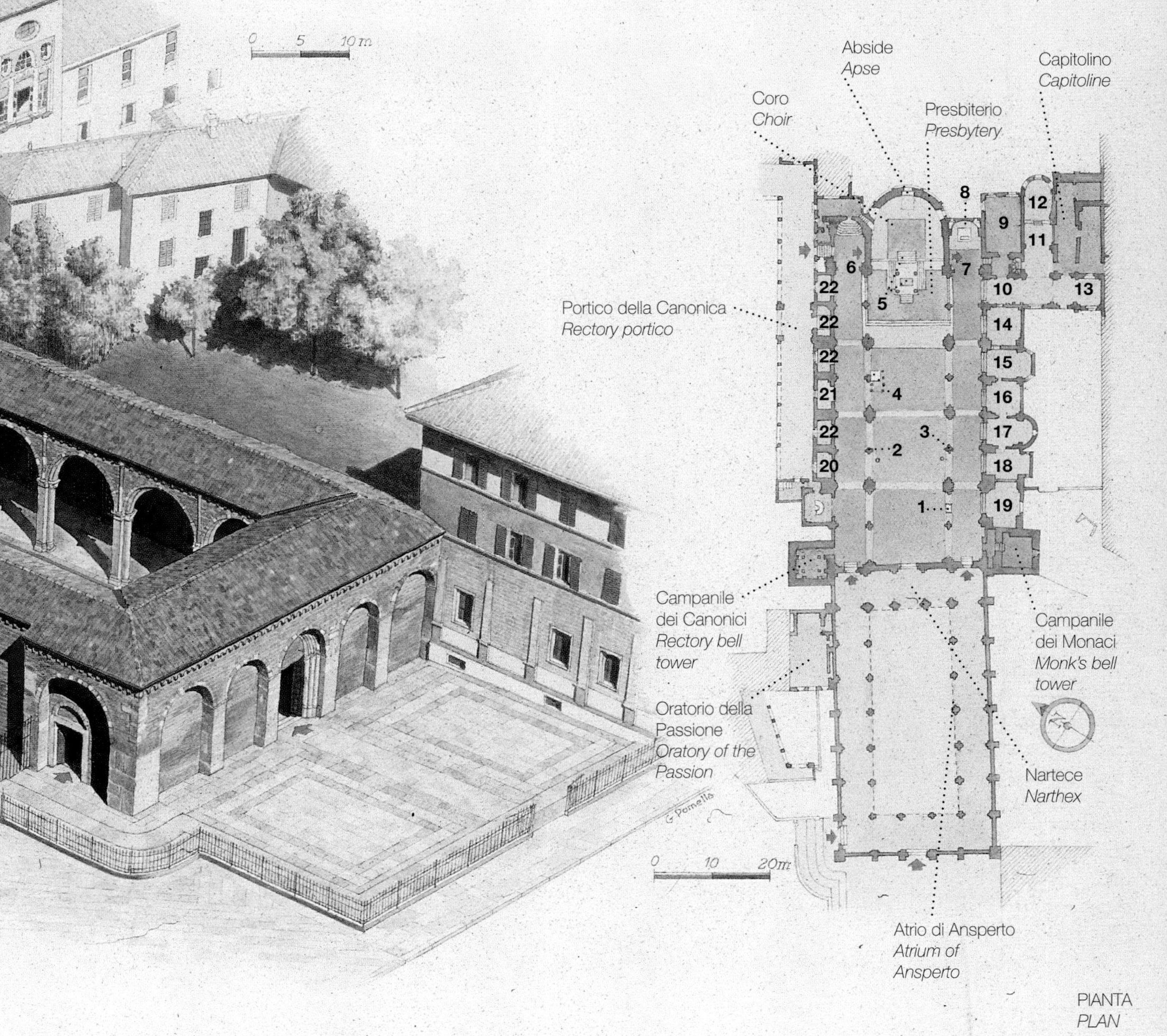

PIANTA
PLAN

Mantova
Lombardia

Su una penisola protesa nel fiume Mincio, Mantova sembra una placida città lacustre. Profumi e sapori della tradizione si amalgamano gentilmente a un'atmosfera rinascimentale, vivacizzata da manifestazioni internazionali, fiere e mercatini. Il nucleo antico è nel segno squisito dei Gonzaga, signori del luogo per secoli e grandi mecenati, che chiamarono a impreziosire la loro capitale artisti di sommo talento: da Leon Battista Alberti a Mantegna, da Tintoretto a Giulio Romano.

Mantua is located on a peninsula in the River Mincio; it is a placid lake city. The scents and flavours of tradition gently blend with a renaissance atmosphere, spiced up with a pinch of international events, trade fairs and markets. The historic centre bears the sophisticated mark of Gonzaga, lords of these lands for centuries and great patrons of art, who called on highly talented artists to decorate their capital. These included Leon Battista Alberti and Mantegna, Tintoretto and Giulio Romano.

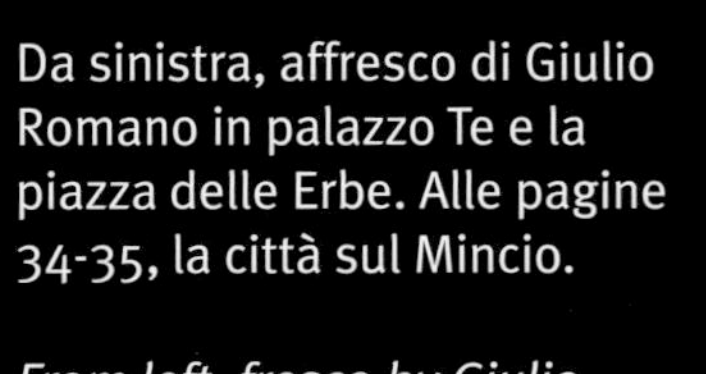

Da sinistra, affresco di Giulio Romano in palazzo Te e la piazza delle Erbe. Alle pagine 34-35, la città sul Mincio.

From left, fresco by Giulio Romano in Palazzo Te and Piazza delle Erbe. On pages 34-35, the city on the River Mincio.

Pizza al taglio

Palazzo Ducale

Grandioso complesso di edifici incentrati sul trecentesco castello di San Giorgio, eretti e trasformati fra il 1290 e il 1707, è uno scrigno di opere d'arte di varie epoche. Mirabili gli affreschi di Mantegna nella Camera degli Sposi, gli interventi di Pisanello e Primaticcio, i manierismi di Giulio Romano, simbolo di ricchezza e gusto, ma anche di grande potere politico, il Palazzo Ducale fu reputato nel medioevo e nel rinascimento tra le più importanti residenze d'Europa.

This stately group of buildings positioned around the 14th century castle of San Giorgio, constructed and transformed between 1290 and 1707, is a treasure chest of works of art of various eras. Mantegna's frescoes in the Camera degli Sposi (Wedding Room) are wonderful, as are works by Pisanello and Primaticcio and mannerisms by Giulio Romano. A symbol of wealth and taste, but also of significant political power, in medieval times and the renaissance the Ducal Palace was reputed to be one of the most important residences in Europe.

Lago di Mezzo
Middle Lake
Camera degli Sposi
Wedding room
Appartamento grande di castello
Great castle apartment
CORTE NUOVA
NEW COURT
CASTELLO DI SAN GIORGIO
ST. GEORGE'S CASTLE
MUSEO ARCHEOLOGICO
MUSEUM OF ARCHEOLOGY
Via San Giorgio
Piazza Sordello
Sordello Square
Appartamento dell'Imperatrice
The Empress apartment
MAGNA DOMUS

1 Giardino pensile / *Hanging garden*
2 Cortile di Santa Croce / *The courtyard of Santa Croce*
3 Cortile d'Onore / *The courtyard of honour*
4 Giardino segreto / *The secret garden*
5 Giardino dei Semplici / *The garden of the simple*
6 Cortile della Cavallerizza / *The courtyard of horsemen*
7 Piazza Santa Barbara / *Santa Barbara Square*
8 Cortile dei Cani / *The courtyard of dogs*
9 Cortile del Castello / *Castle courtyard*
10 Piazza Castello / *Castle Square*
11 Cortile delle Otto Facce / *The courtyard of the eight faces*

Appartamento di Troia
Apartment of Troy
BASILICA DI SANTA BARBARA
BASILICA OF SANTA BARBARA
GALLERIA DELLA MOSTRA
EXHIBITION GALLERY
Appartamento delle metamorfosi
Apartment of metamorphosis
Appartamento Estivale (o Rustica)
Summer (or rustic) apartment
Appartamento del Paradiso
Paradise apartment
Lago Inferiore
Lower Lake
6
5
7
3
4
DOMUS NOVA
Appartamento ducale
Ducal apartment
GALLERIA NUOVA
NEW GALLERY
Piazza Paccagnini
Paccagnini Square
Appartamento di Isabella d'Este
Apartment of Isabella d'Este
Appartamento degli arazzi
Tapestry apartments
Sala del Pisanello
Pisanello hall
Piazza della Lega Lombarda
Lombard League Square
Appartamento della Guastalla
Apartment of Guastalla
esso
ance
ORTE VECCHIA
HE OLD COURT
PALAZZO DEL CAPITANO
THE CAPTAIN'S HOUSE

Trento

Trentino Alto Adige

Sulla riva dell'Adige, circondata da un superbo panorama di monti, Trento vanta un centro storico in cui si alternano tratti rinascimentali e scorci medievali con molti palazzi nobiliari dalle facciate talora affrescate. La città è chiusa a oriente dal complesso del castello del Buonconsiglio, antica dimora dei principi-vescovi,
e a occidente dal cinquecentesco palazzo delle Albere, sontuoso esempio di dimora fortificata, che oggi ospita il Museo d'Arte Moderna
e Contemporanea.

On the banks of the river Adige, surrounded by a superb mountain panorama, Trento boasts a historic centre, where renaissance and medieval features mix; several stately homes flaunt numerous frescoes. To the east, the city is closed by the Buonconsiglio Castle complex, historically the house of prince-bishops; and to the west by the 16th century Palazzo delle Albere, sumptuous example of a fortified residence, which today houses the Museum of Modern and Contemporary Art.

Da sinistra, interni del castello del Buonconsiglio e uno scorcio di piazza del Duomo. Alle pagine 40-41, San Vigilio.

From left, inside Buonconsiglio Castle and a view of Piazza del Duomo. On pages 40-41, San Vigilio.

Piazza del Duomo

Ampia e monumentale, è il cuore della città su cui affacciano, dal XIII secolo, gli edifici simbolo dei poteri religioso e civile. Il Duomo di San Vigilio è tra le più pregevoli architetture sacre dell'area alpina, mentre il severo Palazzo pretorio, stretto tra la Torre civica e il Castelletto, ospita oggi il Museo diocesano tridentino. Completano il decoro della piazza le case affrescate Balduini e Cazuffi Rella e, al centro, la settecentesca fontana del Nettuno.

Cathedral Square

This large monumental square lies at the heart of the city and looking over it, since the 13th century, are the buildings which symbolise religious and civil power. The cathedral of San Vigilio is one of the most beautiful examples of sacred architecture in the Alpine area, whilst the austere Palazzo Pretorio, squeezed in between the City Tower and the Castelletto, now houses the Tridentine diocesan Museum. Decor of the square is completed by the frescoed Balduini and Cazuffi Rella houses and the 18th century Neptune Fountain in the centre.

1 Duomo di San Vigilio / *St Vigil Cathedral*
2 Torre campanaria / *The bell tower*
3 Transetto con rosone "Ruota della fortuna" / *Transept with rose "The wheel of fortune"*
4 Porta del vescovo con protiro / *The Bishop's door with porch*
5 Arcatelle / *Archlet*
6 Castelletto / *Castelet*
7 Torre di San Romedio / *Tower of St Romedius*
8 Palazzo Pretorio / *Magistrate's House*
9 Torre civica / *City tower*
10 Case Cazuffi Rella / *Case Cazuffi Rella*
11 Fontana dell'Aquila del 1850 / *Fountain of the Eagle, 1850*
12 Porticati / *Porticoes*
13 Chiesa Santissima Annunziata / *Church of the Most Holy Annunciation*
14 Fontana del Nettuno / *Fountain of Neptune*
15 Casa Balduini / *Balduini House*
16 Casa Crivelli / *Crivelli House*
17 Percorso dell'antica roggia / *The position of the old millstream*

7
6
1
2
3
4
5
8
14
17
16
15

Venezia

Veneto

Emerge dalla laguna come un'immagine onirica, ancora più romantica quando la bruma che si leva dalle acque sfuma i contorni delle sue nobili architetture dal sapore vagamente bizantino. Lungo i canali, per calli e campielli si affacciano scorci del fastoso passato della potente repubblica marinara, millenaria signora del Mediterraneo. La sua unicità urbanistica e l'eccezionale patrimonio d'arte che custodisce ne fanno una delle più belle città al mondo, che l'Unesco tutela con cura.

It rises from the lagoon like a dream, and is even more romantic when mist floats up from the water and gently smudges the edges of the city's stately and vaguely Byzantine architecture. Along the canals, the narrow 'calli' and small squares are glimpses of the magnificent past experienced by this powerful marine republic, millennia-old gem of the Mediterranean. The unique urban design of Venice and exceptional artistic patrimony it preserves make it one of the most beautiful cities in the world which Unesco keeps under her watchful eye.

Da sinistra, i mosaici all'interno della basilica e piazza San Marco. Alle pagine 46-47, Santa Maria della Salute.

From left, detail of the mosaics inside the cathedral and Piazza San Marco. On pages 46-47, Santa Maria della Salute.

Santa Maria della Salute

Si erge sulla punta dell'isola della Giudecca, di fronte a San Marco, e con il suo aspetto solenne è tra le architetture che si impongono nel pur magico paesaggio urbano. Capolavoro del barocco, fu costruita su disposizione della cittadinanza tutta in ringraziamento alla Vergine per aver liberato Venezia dalla terribile peste del 1630. Ancora oggi, il 21 novembre, i veneziani ricordano l'antico miracolo con una festa e, attraversando un ponte galleggiante, si recano alla basilica.

This church was built on the tip of the Island of Giudecca, opposite San Marco, and its solemn appearance firmly establishes it, among other architectural delights, in this simply magic, urban landscape. A Baroque masterpiece, it was built upon request of the Venetians in thanks to the Virgin Mother for liberating Venice from the vicious plague of 1630. Still today on November 21st, Venetians commemorate the original miracle with a festival and walk across to the Basilica by means of a floating pontoon.

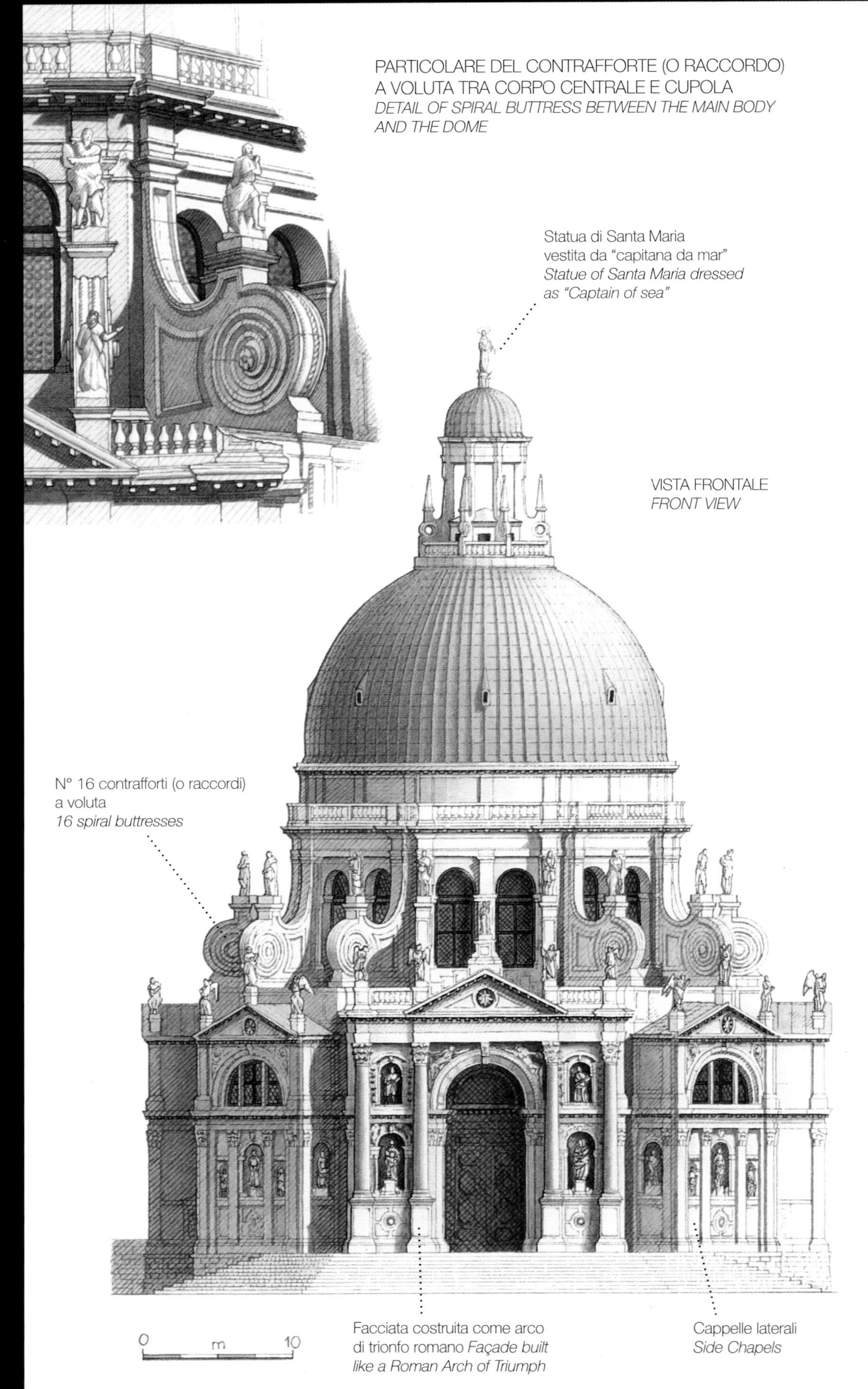

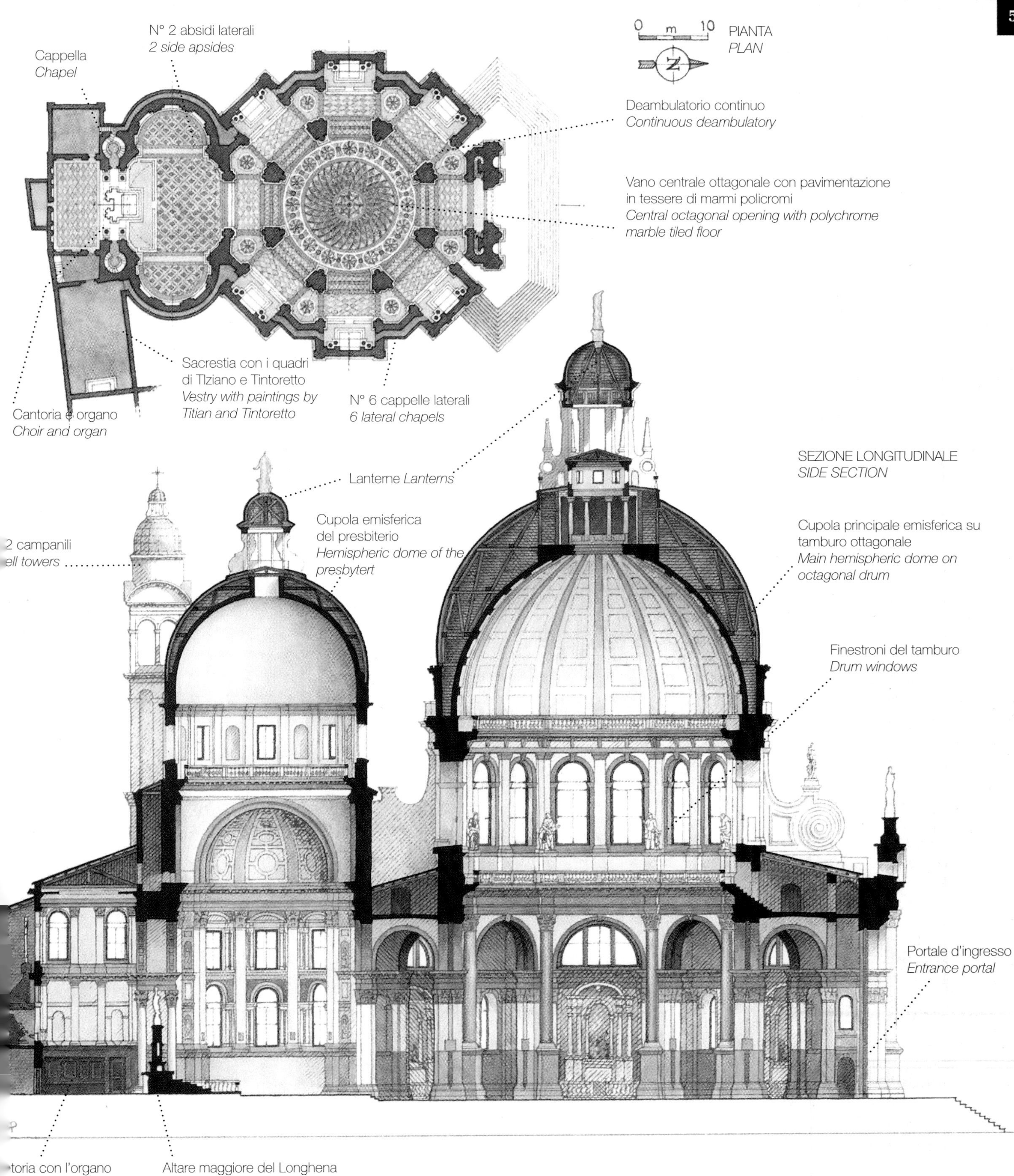
N° 2 absidi laterali
2 side apsides
Cappella
Chapel
0 m 10
PIANTA
PLAN
Z
Deambulatorio continuo
Continuous deambulatory
Vano centrale ottagonale con pavimentazione
in tessere di marmi policromi
Central octagonal opening with polychrome
marble tiled floor
Sacrestia con i quadri
di TIziano e Tintoretto
Vestry with paintings by
Titian and Tintoretto
Cantoria e organo
Choir and organ
N° 6 cappelle laterali
6 lateral chapels
SEZIONE LONGITUDINALE
SIDE SECTION
Lanterne Lanterns
Cupola emisferica
del presbiterio
Hemispheric dome of the
presbytert
2 campanili
ell towers
Cupola principale emisferica su
tamburo ottagonale
Main hemispheric dome on
octagonal drum
Finestroni del tamburo
Drum windows
Portale d'ingresso
Entrance portal
toria con l'organo
ir with organ
Altare maggiore del Longhena
High Altar by Longhena

Vicenza

Veneto

Forse non abbastanza nota, Vicenza è una delle più significative città d'arte italiane, tanto da godere della tutela Unesco. Raro esempio di equilibrio e conservazione, tutto si sposa con armonia: il nucleo romano, ravvisabile nell'impianto urbanistico, il centro me[illegible] e il volto rinasc[illegible]e. Ed è soprattutt[illegible]tà del Palladio', un trionfo della sua architettura che s'impone a ogni angolo e documenta tanto genio dalla prima opera importante, la Basilica, all'ultima, il teatro Olimpico.

Perhaps not as well known as it should be, Vicenza is one of the most significant cities of art in Italy, and indeed is protected by Unesco. A rare example of balance and conservation, here everything marries harmony[illegible]the Roman nucleus, recogni[illegible]ble in the urban pattern, the medieval centre and renaissance appearance. More than anything it is the 'City of Palladio', a triumph of his architecture which stands proud at every corner and documents great genius from the first important piece, the Basilica, to the last, the Olympic theatre.

Da sinistra, le arcate di palazzo Chiericati e la Rotonda. Alle pagine 52-53, la Basilica al centro della città.

From left, the arches of Palazzo Chiericati and the Rotonda. On pgs 52-53, the cathedral in the city centre.

VILLA CVM OMNIBVS CENSIBVS
AGRIS VALLIBVS ET COLLI
BVS CITRA VIAM MAGNAM

Piazze dei Signori, delle Biade e delle Erbe

«Non è possibile descrivere l'impressione che fa la Basilica di Palladio... ». Così scrisse Goethe del capolavoro marmoreo attorno al quale si articola il cosiddetto sistema delle piazze. Da sempre cuore della vita cittadina, si concatenano l'una all'altra illustrando con architetture pregiate secoli di storia e di arte. Specchio del potere, ma anche del piacere: qui si ritrovano i giovani, si celebra il rito dell'aperitivo, si tengono tradizionali mercati di fiori e frutta.

"It is impossible to describe the sensation one feels when admiring the Basilica di Palladio ..." Goethe expressed his opinion of this Palladian masterpiece in marble around which lies this system of 'piazze'. They have always been the heart of city life, and with one linking to the next they illustrate centuries of art and prestigious architecture. A reflection of power, but also of pleasure: the local youth gathers here daily for aperitifs; traditional flower and fruit markets are held here, too.

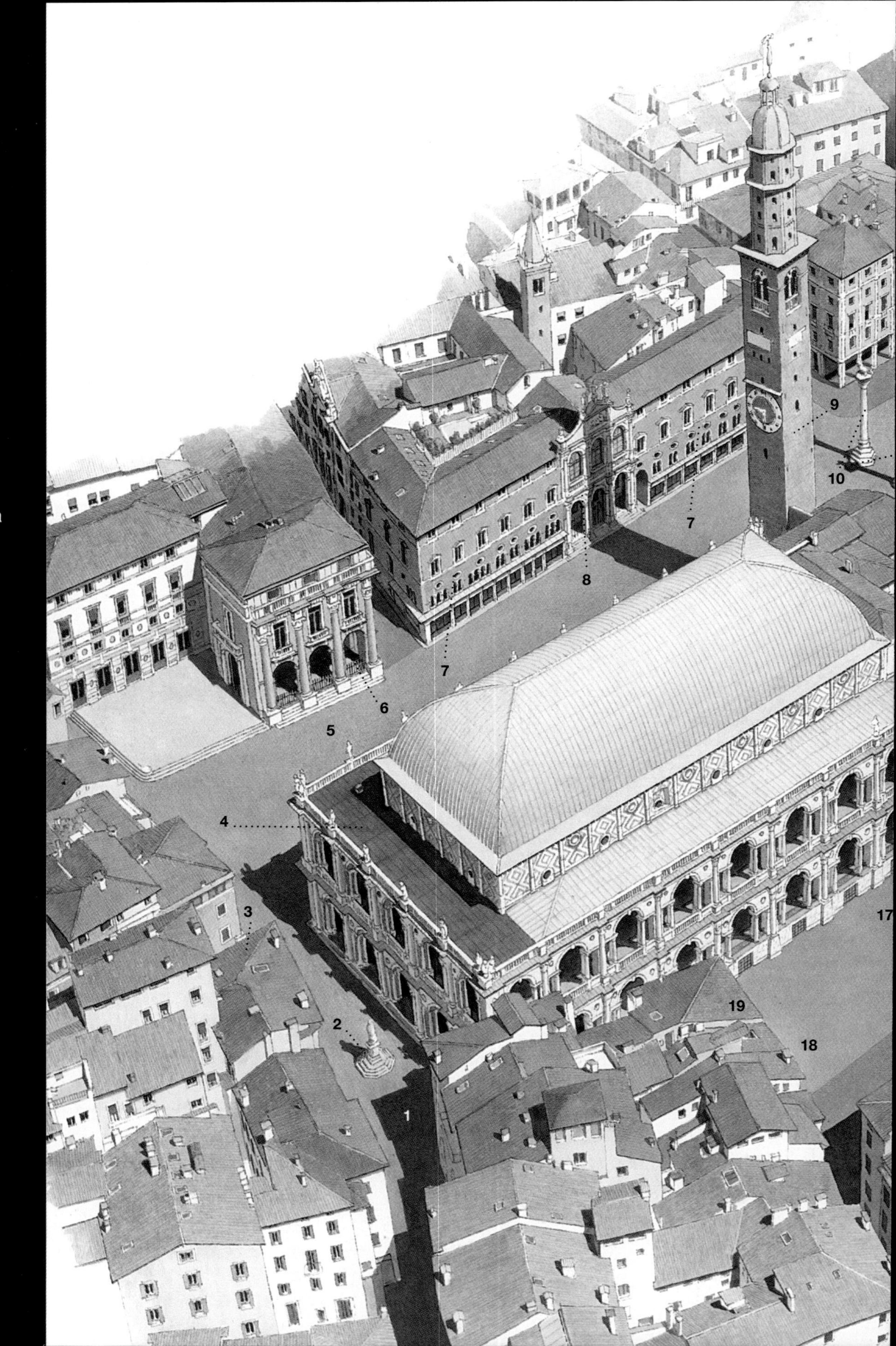

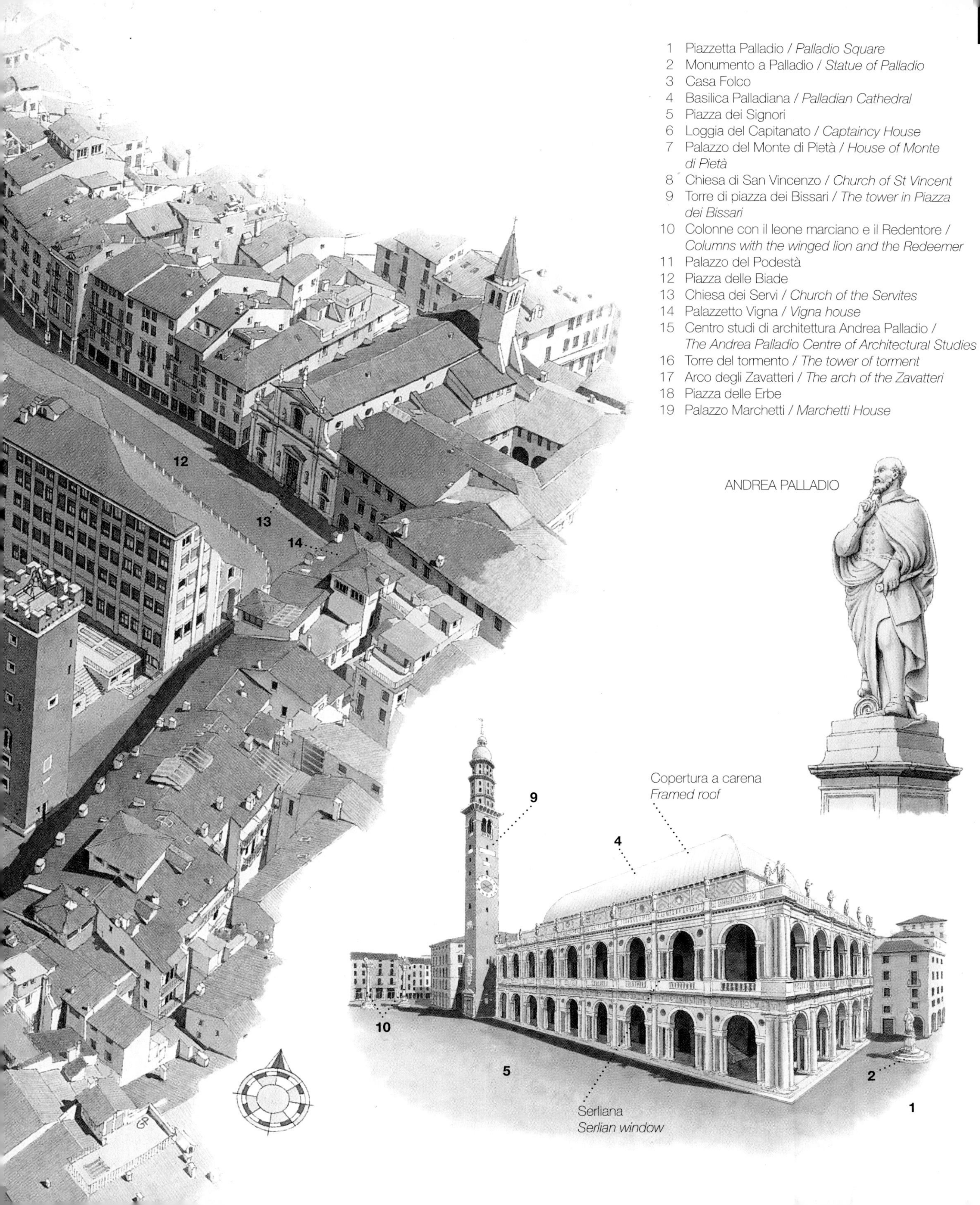
1 Piazzetta Palladio / *Palladio Square*
2 Monumento a Palladio / *Statue of Palladio*
3 Casa Folco
4 Basilica Palladiana / *Palladian Cathedral*
5 Piazza dei Signori
6 Loggia del Capitanato / *Captaincy House*
7 Palazzo del Monte di Pietà / *House of Monte di Pietà*
8 Chiesa di San Vincenzo / *Church of St Vincent*
9 Torre di piazza dei Bissari / *The tower in Piazza dei Bissari*
10 Colonne con il leone marciano e il Redentore / *Columns with the winged lion and the Redeemer*
11 Palazzo del Podestà
12 Piazza delle Biade
13 Chiesa dei Servi / *Church of the Servites*
14 Palazzetto Vigna / *Vigna house*
15 Centro studi di architettura Andrea Palladio / *The Andrea Palladio Centre of Architectural Studies*
16 Torre del tormento / *The tower of torment*
17 Arco degli Zavatteri / *The arch of the Zavatteri*
18 Piazza delle Erbe
19 Palazzo Marchetti / *Marchetti House*
12
13
14
ANDREA PALLADIO
Copertura a carena
Framed roof
9
4
10
5
2
1
Serliana
Serlian window

ITA
13237
ITA
15168

Trieste

Friuli Venezia Giulia

Al confine tra Alpi e Mediterraneo, Trieste è davvero speciale. Il paesaggio, certo: qui il Carso si tuffa nel mare. Ma soprattutto una storia millenaria scritta da genti diverse che hanno sempre mantenuto la loro identità. Vario e individuante anche il suo volto urbano: razionale e potentemente neoclassico lungo le Rive e nell'asburgica città moderna; intricato groviglio di viuzze nel nucleo medievale sul colle di San Giusto, coronato dalla monumentale piazza della Cattedrale.

On the border between the Alps and the Mediterranean, Trieste is truly special. Its landscape naturally: here the Karst plummets into the sea; but mainly a long history of different people who have always maintained their cultural identity. In its urban appearance, too: rational and potently neoclassic along the Rive, or sea front; and in the modern Habsburg city, an intricate tangle of alleyways in the medieval nucleus on the hill of San Giusto, crowned by the monumental Cathedral Square, Piazza della Cattedrale.

Da sinistra, San Giusto e l'arco di Riccardo. Alle pagine 58-59, la regata della Barcolana davanti al Faro della Vittoria.

From left, San Giusto and the Arco di Riccardo. On pages 58-59, the regatta of Barcolana in front of the Faro della Vittoria.

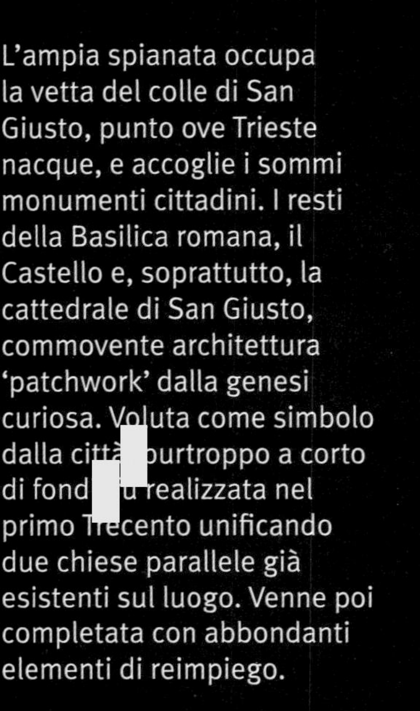

Piazza della Cattedrale

L'ampia spianata occupa la vetta del colle di San Giusto, punto ove Trieste nacque, e accoglie i sommi monumenti cittadini. I resti della Basilica romana, il Castello e, soprattutto, la cattedrale di San Giusto, commovente architettura 'patchwork' dalla genesi curiosa. Voluta come simbolo dalla città, purtroppo a corto di fondi, fu realizzata nel primo Trecento unificando due chiese parallele già esistenti sul luogo. Venne poi completata con abbondanti elementi di reimpiego.

Cathedral Square

The wide open space occupies the top of San Giusto hill, the spot where Trieste was founded, and it guards the town's most important monuments. The remains of the Roman Basilica, the castle and most significantly, San Giusto Cathedral form a moving 'patchwork' of architecture of rather curious origins. It was intended to be the symbol of the city; sadly, however, as funds were scarce, it was created at the beginning of the 1300s by unifying two existing parallel churches on the top of the hill. It was then completed with large quantities of reused materials.

Rosone gotico a doppia raggiera (fine del 1300) sulla facciata della cattedrale di San Giusto. / *Double radial Gothic rose (late 1300) on the façade of San Giusto*

LIBERTAS
LIBERTAS

Bologna
Emilia Romagna

Animata da una feconda vita culturale e sociale, favorita dalla presenza della più antica università d'Italia ma anche dai tanti luoghi del 'buon mangiare', Bologna racchiude un centro storico tra i più vasti e ben conservati del Paese. All'ombra delle medievali torri della Garisenda e degli Asinelli si stende un paesaggio urbano splendido, che racconta la lunga vicenda storico-artistica di una grande città; prezioso e tipico il ricamo formato dai chilometrici portici che invitano al passeggio.

Animated by a fecund cultural and social life, assisted by the presence of the oldest university in Italy but also by numerous 'good food' places, Bologna holds one of the largest and most well-preserved historic centers in the country. A splendid urban landscape spreads in the shadow of the medieval towers, named Garisenda and Asinelli, and narrates the long line of historic and artistic events of a great city; kilometers of porticoes, precious and unique, embroider the town and beckon visitors for a walk.

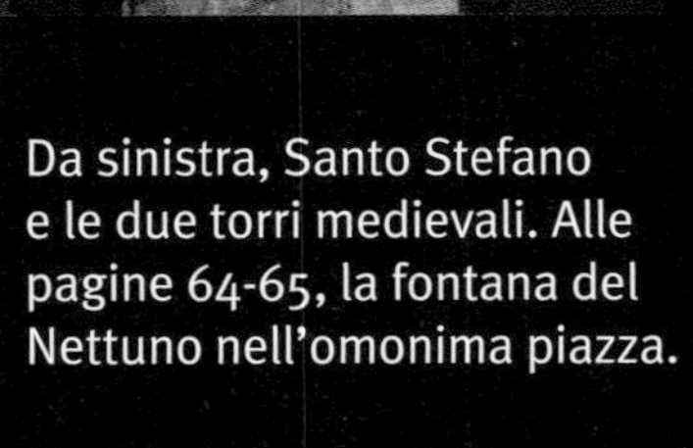

Da sinistra, Santo Stefano e le due torri medievali. Alle pagine 64-65, la fontana del Nettuno nell'omonima piazza.

From left, Santo Stefano and the two medieval towers. On pages 64-65, the Neptune Fountain and square of the same name.

FARMACIA

Piazza Maggiore e piazza del Nettuno

Sono due piazze contigue che rappresentano il cuore di Bologna, il secolare centro della sua vita civile e religiosa che qui si dispiega vivace e libera, oggi protette anche dall'isola pedonale. Circondate da edifici di varia epoca e di enorme valore architettonico, il Duomo si leva maestoso in piazza Maggiore, appaiono assai diverse per dimensioni e per stile pur fondendosi in un quadro perfettamente armonioso ricco di mille prospettive e di forte impatto monumentale.

These are two adjacent squares which form the heart of Bologna; the century-old core of religious and city life, which here has always been vivacious and free, is now a protected pedestrian area. The squares are surrounded by buildings of varying periods and significant architectural value, the church looms majestically over Piazza Maggiore; despite being very different in dimensions and style they form a perfectly harmonious sight which provides endless snapshots of strong monumental impact.

1 Basilica di San Petronio / *Church of St Petronius*
2 Palazzo dei Notai / *Notary Building*
3 Palazzo Comunale / *City Hall*
4 Fontana del Nettuno / *Neptune Fountain*
5 Palazzo di Re Enzo / *King Enzo's Palace*
6 Palazzo del Podestà
7 Palazzo dei Banchi
8 Torre dell'Arengo / *The Arengo Tower*
9 Torre centrale con l'orologio / *Central clock tower*
10 Torrione d'angolo / *Corner turret*

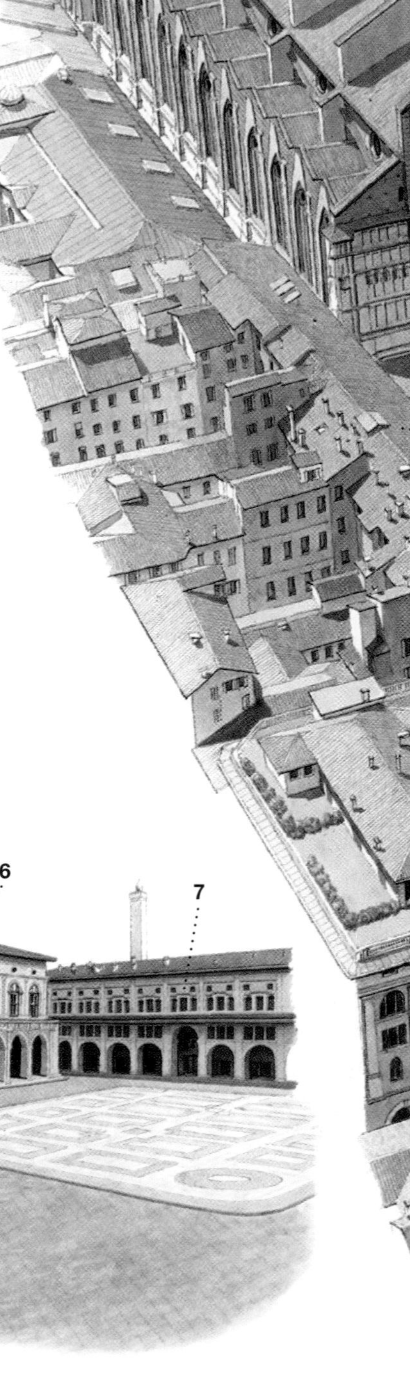

IL PALAZZO DEL PODESTÀ

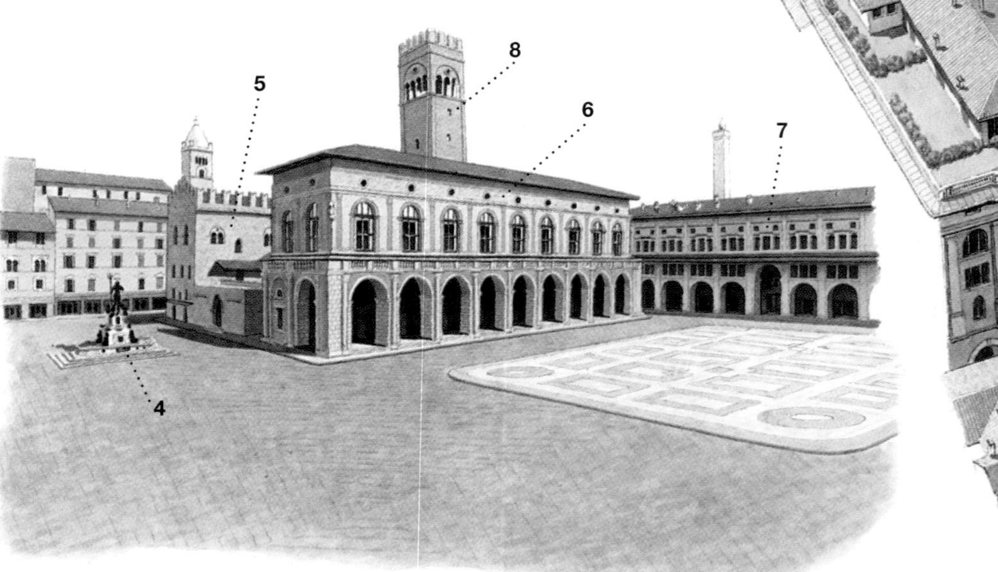

LA FONTANA DEL NETTUNO
NEPTUNE FOUNTAIN
9
8
2
6
3
4
5
10

Parma

Emilia Romagna

'Città aurea', 'petite capitale', 'ducale', 'capitale alimentare' sono fra gli epiteti che richiamano Parma, città che rimanda all'illuminato governo di Maria Luigia d'Austria, alla grande musica di Verdi e Toscanini e alla buona cucina. Un passato nobile testimoniato da importantissimi monumenti e diverse istituzioni di prestigio, che tuttora si rivela non solo nell'estetica di certi luoghi, ma anche in una naturale tendenza all'eleganza, al decoro, all'affabilità, alla cultura.

'Golden City', 'Petite Capitale', 'Ducal', 'Food Capital' are a few of the epithets used for Parma, a city that remembers the enlightened administration of Maria Luigia of Austria, the masterful Music of Verdi and Toscanini and boasts fantastic cuisine. A noble past, recorded in highly significant monuments and a number of prestigious institutions, unfurls not only in the beauty of some spots, but also in a natural tendency for elegance, decor, amiability and culture.

ALE DEL LAVORO
SALA DA THE

Da sinistra, piazza Garibaldi e l'affresco di Correggio nel Duomo. Alle pagine 70-71, la cupola della Steccata.

From left, Piazza Garibaldi and the fresco by Correggio in the cathedral. On pages 70-71, Cupola della Steccata.

Coro dei Cavalieri e Sacrestia Nobile
Choir of the Knights and Noble sacristy

Madonna della Steccata

Il nome ricorda uno steccato di legno che riparava dall'afflusso dei fedeli un'immagine mariana molto venerata.
È un edificio cinquecentesco di straordinaria compattezza ed eleganza, segnato dall'influsso di Bramante e dall'intervento di Antonio da Sangallo il Giovane e del Correggio. L'esterno è riccamente ornato da paraste, bifore, volute, statue e da una balaustra che incornicia la cupola a loggiato. Nell'interno, ben affrescato, spicca la raffinata decorazione del Parmigianino.

Sanctuary of Madonna della Steccata

The name comes from the wooden fence that protected a venerated Marian image from a constant flow of pilgrims. This extraordinarily compact and elegant 16th century building bears the marks of Bramante influence, a touch of Antonio da Sangallo il Giovane and Correggio. The exterior is richly decorated with parastades, mullioned windows, scrolls, statues and a balustrade which frames the dome. The frescoed interior excels as an example of Parmigianino's refined decoration.

Arcone con affreschi del Parmigianino
Arch with frescoes by Parmigianino

Volta della cupola
e delle semicupole affrescate
Frescoed dome and half-dome vault

Ingresso principale
Main entrance

Cantorie e l'organo
di Benedetto Antegnani
Chancels and the organ
by Benedetto Antegnani

Una delle quattro cappelle ottagonali
One of the four octagonal chapels

G.Pomella

Firenze

Toscana

Città d'arte per eccellenza, è universalmente considerata la culla del rinascimento, epoca colta che qui ha impresso un'orma potente nell'architettura, nella pittura, nella scultura.
Se a ciò si aggiungono belle testimonianze romaniche e gotiche e musei colmi di capolavori, l'arte pare addirittura di respirarla.
A completare l'irresistibile richiamo di Firenze sono poi parchi e giardini, botteghe artigiane, negozi d'alta moda e una corona di colli che danno cibi e vini di valore.

This city of art par excellence is universally accepted as the core of the renaissance, an era of culture which here left a significant mark in architecture, painting and sculpture. If to this we add wonderful Roman and Gothic pieces and museums which are bursting with masterpieces, art is in the air you breathe. To complete the irresistible allure of Florence are parks and gardens, crafts workshops, atelier of haute couture and a crown of hills which promise superb food and wine.

Da sinistra, il Ponte Vecchio e Santa Maria del Fiore. Alle pagine 76-77, veduta della città con Palazzo Vecchio sulla sinistra.

From left, Ponte Vecchio and Santa Maria del Fiore. On pages 76-77, view of the city with Palazzo Vecchio on the left.

Corridoio vasariano

Originalissima opera del 1565, è un percorso sopraelevato che collega Palazzo Vecchio, sede del governo, a Palazzo Pitti, la residenza medicea, e consentiva ai granduchi di spostarsi in modo sicuro. Il passaggio si snoda per la Galleria degli Uffizi e sopra il Ponte Vecchio, al centro del quale si aprono le grandi finestre, aggiunte nel 1939, con spettacolari viste sull'Arno. Oggi è parte della Galleria degli Uffizi e ospita la collezione di autoritratti e ritratti del Sei-Settecento.

The Vasarian Corridor

This very original work dated 1565 is an elevated enclosed passageway which connects the Palazzo Vecchio, the government house, to Palazzo Pitti, the Medici's residence, and permitted the grand Dukes to move around safely. The passage unravels through the Uffizi Galleries and over the Ponte Vecchio; in the middle of the bridge, a number of panoramic windows were added in 1939 which open onto the River Arno and give fantastic views. Today it is a part of the Uffizi Gallery and houses a collection of self portraits from the 16-1700s.

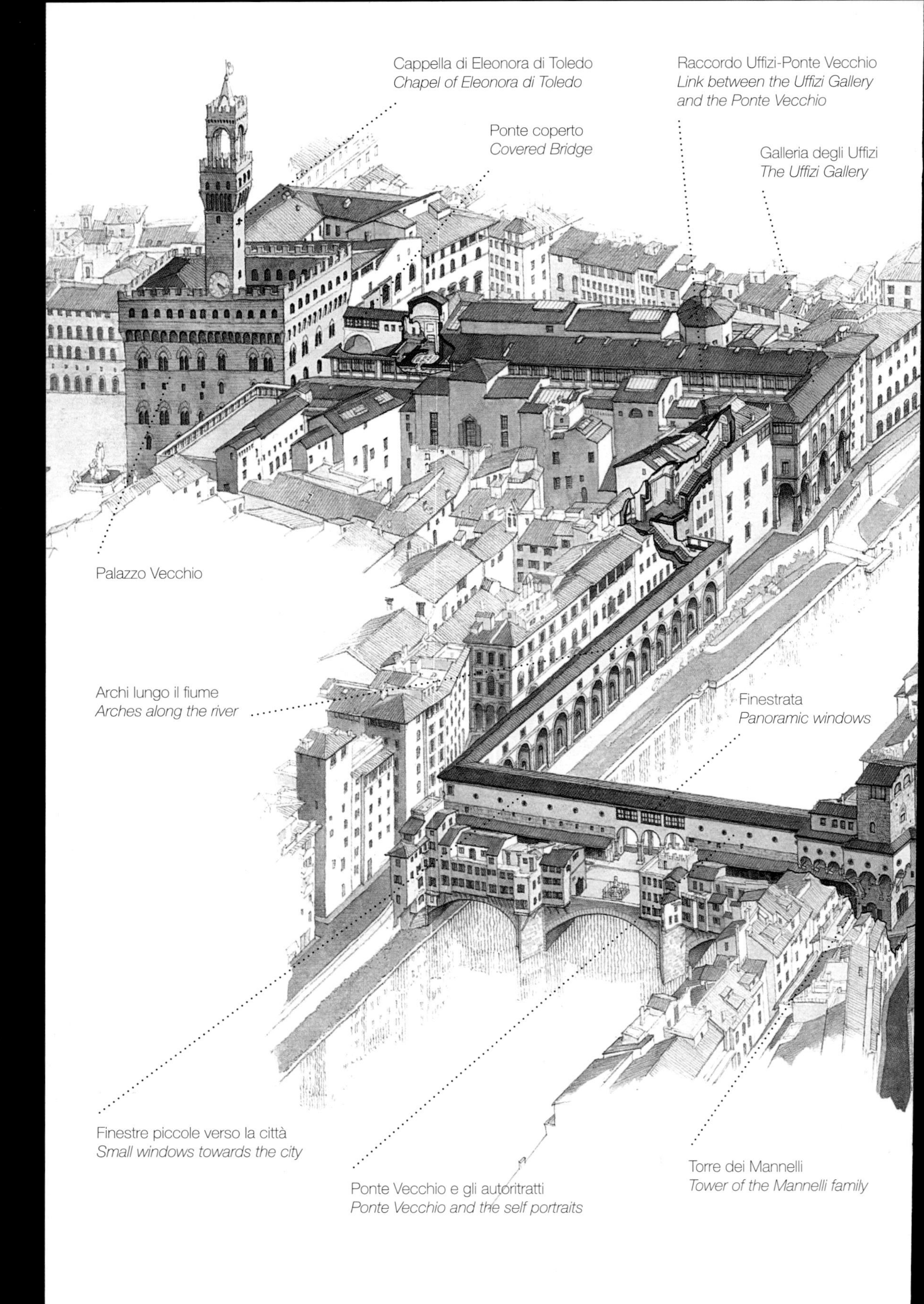

La Grotta Grande Buontalenti Boboli fu realizzata nella seconda metà del 1500 su progetto di Bernardo Buontalenti ed è in posizione adiacente rispetto al tratto terminale del corridoio Vasariano. Il suo esterno è caratterizzato da un ampio ingresso con due colonne sormontate da un architrave e con decorazioni a forma di stalattiti.

The Grotta Grande, Cave of Buontalenti Boboli was designed by Bernardo Buontalenti and built in the second half of the 1500s. It is located next to the final section of the Vasarian corridor. On the outside it features a large entrance with two columns which support an architrave and stalactite shaped decorations.

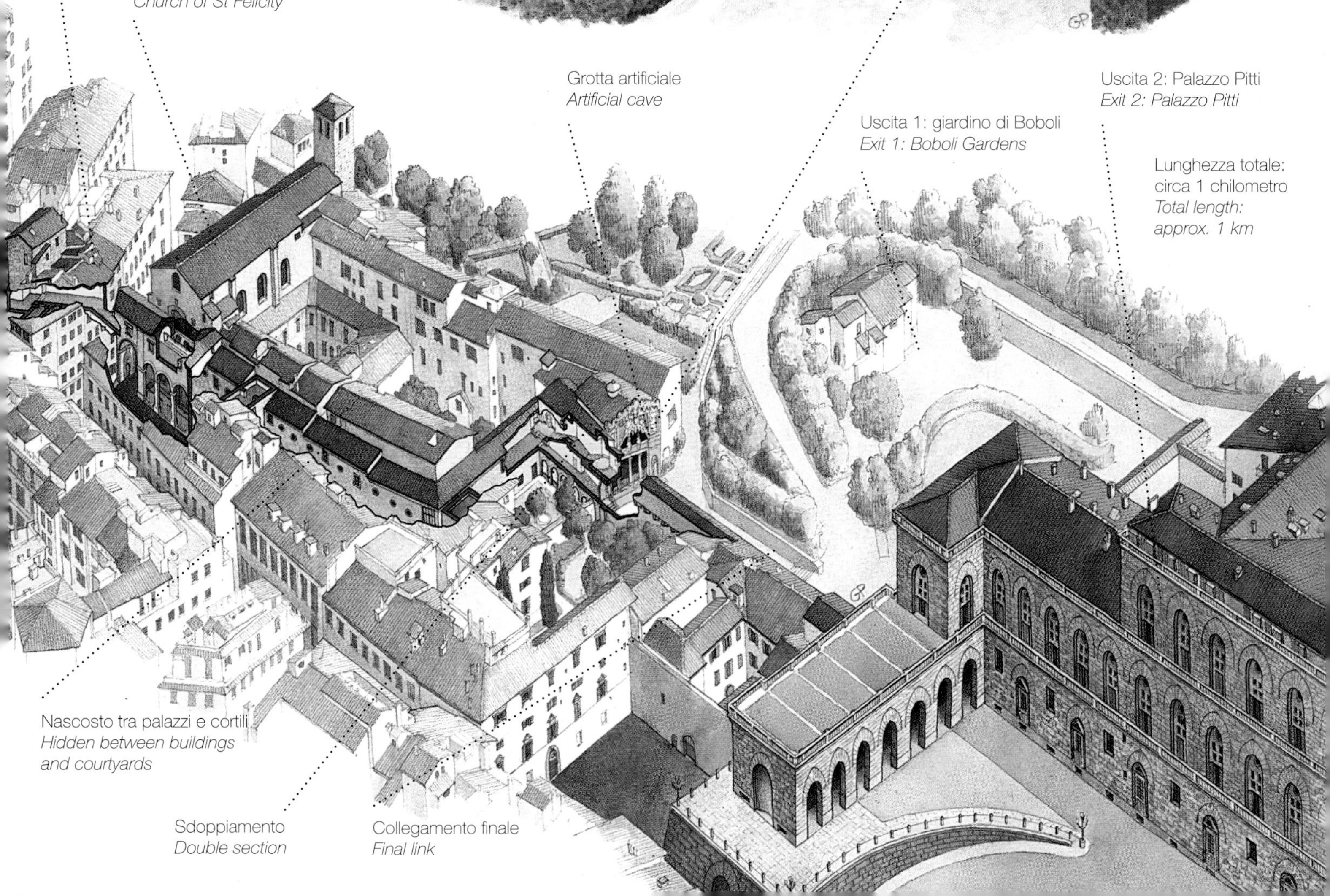

In mezzo alle case
Between the houses

Chiesa di Santa Felicita
Church of St Felicity

Grotta artificiale
Artificial cave

Uscita 1: giardino di Boboli
Exit 1: Boboli Gardens

Uscita 2: Palazzo Pitti
Exit 2: Palazzo Pitti

Lunghezza totale: circa 1 chilometro
Total length: approx. 1 km

Nascosto tra palazzi e cortili
Hidden between buildings and courtyards

Sdoppiamento
Double section

Collegamento finale
Final link

PIZZICHERIA

Siena

Toscana

Tra la Maremma e le colli
del Chianti, in magnifica
posizione panoramica su
colli, Siena è un'autentica
capitale del medioevo
italiano. Largamente inta
nel suo arredo urbano
stilisticamente univoco,
esalta le sue forme grazie
a un colore tanto tipico d
essere detto 'terra di Sie
L'incanto che ne deriva è
È un tuffo nel passato
che disvela vasti tesori d'
tradizioni artigiane
e gastronomiche
che profumano di antico,
disfide d'altri tempi, com
il Palio.

*Siena is an authentic
medieval Italian capital,
nestling in a magnificent
panoramic point where
three hills join, between
the Maremma area and t
Chianti hills. Largely inta
in its univocal urban style
shapes are exalted thank
to a colour so typical to b
known as raw sienna. It i
rare delight. A visit here i
a leap into the past whic
reveals vast artistic treas
food and craft traditions
which bear the scent of
history, and traditional
challenges like the Palio.*

Da sinistra, il centro città
e il Palio in piazza del Campo.
Alle pagine 82-83,
una bottega tradizionale.

From left, the city centre
and the Palio in Piazza
del Campo. On pages 82-83,
a traditional shop.

1 Il Campo / *The Course*
2 Palazzo Pubblico / *Civic Hall*
3 Torre del Mangia / *The Tower of Mangia*
4 Cappella di Piazza / *Chapel of the Square*
5 Fonte Gaia / *Gaia Fountain*
6 Torre Ballati / *Tower of Ballati*
7 Loggia della Mercanzia / *Merchants Lodge*
8 Piazza del Mercato / *Market Square*
9 Palazzi medievali / *Medieval buildings*
10 Palazzo della Mercanzia / *Merchants Hall*
11 Palazzo Sansedoni / *Sansedoni Hall*

Piazza del Campo

Ampio e arioso spazio che si apre al centro del nucleo antico, tutelato dall'Unesco, là dove convergono i tre colli di Siena, la piazza presenta una singolarissima forma a conchiglia. Nella cortina edilizia che la cinge spiccano alcuni dei migliori esempi italiani di architettura medievale e gotica, come il Palazzo pubblico e la Torre del Mangia. Ma la celebrità massima le viene dall'essere teatro dello storico Palio, evento senese per eccellenza che ammalia cittadini e turisti.

A wide open space at the core of the old town, protected by Unesco, where the three Siena hills meet, the square is singular in its shell shape. The curtain of facades which surrounds the Piazza boasts some of the most noteworthy examples of Italian Medieval and Gothic architecture, such as the City Hall and the Tower of the Mangia. It is most famous, though, for hosting the Palio, historic event of Siena par excellence which fascinates citizens and visitors alike.

CAPPELLA DI PIAZZA
CHAPEL OF THE SQUARE

PALAZZO PUBBLICO
CIVIC HALL

6
7
11
3
10
9
5
1
2
9
Teatro comunale
City Theatre
8

Macerata

Marche

Su un ampio rilievo dalle belle viste, ancora racchiusa dai bastioni, Macerata ha una potente atmosfera settecentesca. Grazie al largo impiego del mattone, gli edifici si integrano perfettamente nell'ambiente circostante, componendo un quadro aristocratico e a tratti scenografico. Strade acciottolate salgono al cuore del nucleo storico, piazza della Libertà, su cui prospettano il palazzo della Prefettura, rinascimentale residenza dei legati pontifici, e il palazzo dei Priori.

In a panoramic spot on a large hill, still enclosed by ramparts, Macerata possesses a strong 18th century atmosphere. Thanks to consistent use of brick the buildings fit in perfectly to the surrounding environment, forming an aristocratic scene of great effect. Cobbled streets rise to the heart of the historic centre, Piazza della Libertà, around which stand prefectural offices, the residence of papal representatives during the renaissance, and the Priory.

Da sinistra, la città sul colle e il centro storico con lo Sferisterio. Alle pagine 88-89, piazza Mazzini.

From left, the city on the hill and the historic center with the Sferisterio. On pages 88-89, Piazza Mazzini.

Sferisterio

Di gusto neoclassico, è un'arena costruita nell'Ottocento e destinata all'antico gioco della palla col bracciale e a tauromachie, molto in voga nello Stato pontificio. Finanziata da alcuni facoltosi cittadini, come ricorda l'iscrizione all'ingresso, ha forma semicircolare con un'ampia platea cinta da una gradinata rialzata e due ordini di palchi sormontati da un'elegante balconata in pietra. Oggi, in virtù dell'eccellente acustica, ospita una ricca stagione teatrale e lirica.

This 19th century neoclassic arena was intended for the ball game of 'Pallone col Bracciale' and bullfighting, which were very popular in the Papal State. Financed by a number of wealthy citizens, as the inscription reads at the entrance, it is semicircular in shape with a large stalls area surrounded by a raised stand and two levels of boxes topped with an elegant stone balcony. Today, thanks to its excellent acoustics it is the venue for a rich programme of plays and operas.

1 Portico / *Portico*
2 Atrio / *Atrium*
3 Scale d'accesso alla gradinata, ai palchi e alla terrazza / *Staircase access to the stand, stalls and terrace*
4 Ingresso all'arena / *Arena entrance*
5 Arena/campo gioco/teatro / *Arena/pitch/theatre*
6 Muro per il rimbalzo della palla / *Wall to bounce the ball*
7 Ex locali per i cani / *Former dog kennels*
8 Ex locali per i tori / *Former stalls for bulls*
9 Ex botteghe / *Former shops*
10 Ex scuderie / *Former stables*
11 Scale d'accesso alla gradinata / *Staircase access to the stalls*
12 Ex ingresso carri e animali (ora uscita di sicurezza) / *Former entry for carts and animals (now the emergency exit)*
13 Corridoi / *Corridors*
14 Palchi / *Stalls*
15 Podio / *Podium*
16 Gradinata / *Stand*
17 Vomitoria / *Vomitorium*
18 Ex loggia / *Former Loggia*
19 Ex ingresso / *Former exit*
20 Balconata / *Balcony*
21 Platea attuale con poltroncine / *Present day stalls with seats*
22 Retropalco / *Backstage*
23 Palcoscenico / *Stage*
24 Golfo mistico / *Orchestra pit*
25 Salone / *Hall*

Pianta dello Sferisterio come da progetto e modifiche dell'architetto Ireneo Aleandri / *Floor plan of the Sferisterio as presented on the project and modifications made by the architect Ireneo Aleandri*

Bracciale in legno utilizzato per il gioco della palla col bracciale / *Wooden arm band used for the ball game "Palla col bracciale"*

Sezione e prospetto interno attuali / *Section and view of interior as it is today*

14
20
11
16
15
17
6
21
14
13
22
23
24
12
4
AD ORNAMENTO DELLA
25
3
1
2

Todi
Umbria

È una città che stupisce per il suo ardito adattarsi al colle e per i bastioni intatti che si innalzano su uno zoccolo verde di olivi, in una posizione che per secoli ha rappresentato un elemento di difesa. Prezioso frammento di medioevo umbro, ancora permeato di una peculiare spiritualità, esibisce un fascino sottile, culturale e mondano a un tempo. Lo testimoniano manifestazioni come il Todi Arte Festival, musica e spettacolo a fine agosto, o la primaverile Rassegna Antiquaria d'Italia.

It is always amazing how Todi carpets the hills and how its intact ramparts rise over a green platform of olive groves, in a position that for centuries has represented an element of defence. This precious fragment of Umbrian medieval times, which is still permeated with peculiar spirituality, presents a delicate charm that is both cultural and mundane. The proof lies in events such as the Todi Art Festival, music and performances at the end of August, or the Spring Antique Show named Rassegna Antiquaria d'Italia.

MONTE DEI PASCHI DI SIENA
FARMACIA

Scorcio di piazza del Popolo.
Alle pagine 94-95,
la bramantesca chiesa di Santa Maria della Consolazione.

View of Piazza del Popolo.
On pages 94-95, Bramante's Santa Maria della Consolazione.

Piazza del Popolo

Tutta in piano in una città di sali-scendi, la piazza poggia su una serie di grandi cisterne interrate d'età romana, aperte alle visite. Qui era infatti il nucleo della *Tuder* augustea che, fra Due e Trecento, fu riprogettato e destinato alla rappresentazione dei sommi poteri dell'epoca, che si contrappongono alle opposte estremità. Da una parte la Cattedrale e dall'altra i tre edifici delle magistrature civili: i palazzi del Popolo o del Comune, del Capitano, dei Priori.

In a city of ups and downs, the square sits entirely flat and lies atop a series of large underground cisterns of Roman origins, which are open to visiting. Indeed, here was the Tuder *augustea nucleus which, between the years 200 and 300, was redesigned and given to the highest powers of the period, which stand opposite one another: at one end is the cathedral and at the other are three buildings for civil law: the Palazzo del Popolo or City Hall, the Captain's house and the Priory.*

AQUILA TUDERTE
TUDOR EAGLE

1 Palazzo Vescovile / *Bishop's palace*
2 Duomo / *Cathedral*
3 Facciata gotica del duomo con rosone cinquecentesco / *Gothic façade of the cathedral with 16th century rose*
4 Scalinata / *Staircase*
5 Palazzo del Capitano / *Captain's House*
6 Scalone / *Monumental staircase*
7 Pianterreno con arcate su pilastri / *Ground floor with arches on pillars*
8 Palazzo del Popolo/ *The People's House*
9 Modifiche del Duecento al palazzo del Popolo / *13th century modifications to the people's house*
10 Palazzo Atti / *Palazzo Atti*
11 Palazzo dei Priori / *The Prior's House*
12 Torre a pianta trapezioidale / *Tower with trapezium base*
13 Aquila tuderte / *Tudor Eagle*

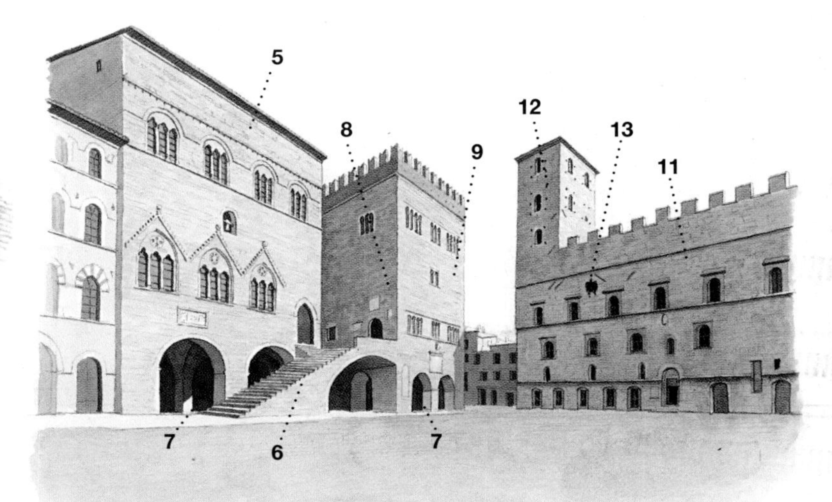

REGNI CAELORVM
SCIS QVIA DILIGO TE
NC VNA FIDES

Roma

Lazio

La Città Eterna. Come descriverne o anche solo evocarne gli scenari e le atmosfere? Una meraviglia intessuta di superbe vestigia del più grande impero antico, palazzi rinascimentali e barocchi, chiese di ogni epoca, vecchi rioni un tempo popolari, parchi... E, nel suo cuore, addirittura uno Stato altrettanto splendido e di importanza universale. Città del Vaticano: non c'è luogo nel mondo occidentale che meglio documenti quasi due millenni di fede nonché di potere, ricchezze e arte.

The Eternal City. How can you begin to describe or even simply imagine the sights and the atmospheres? An astonishing weaving of majestic vestiges belonging to the great ancient empire, renaissance and baroque buildings; churches of all eras; old, once popular neighbourhoods and parks... And at its heart, a State, which is equally as splendid and universally important: the Vatican City; no other place in the western world can better testify almost two millennia of faith, power and artistic wealth.

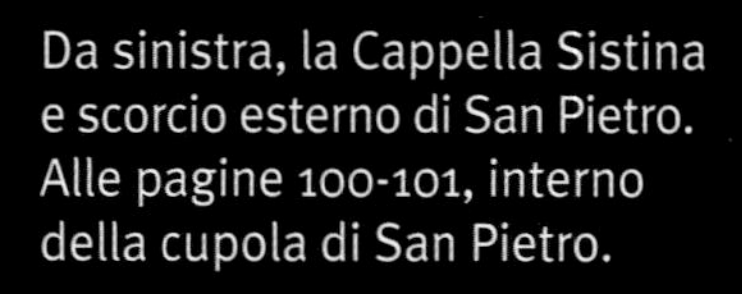

Da sinistra, la Cappella Sistina e scorcio esterno di San Pietro. Alle pagine 100-101, interno della cupola di San Pietro.

Fom left, the Sistine Chapel and view from outside San Pietro. On pages 100-101, inside the dome of San Pietro.

GHESIVS·ROMANVS

Basilica di San Pietro

Cuore della cristianità, sorge grandiosa sul luogo del martirio dell'apostolo primo vescovo di Roma. L'attuale basilica fu eretta su progetto originario di Bramante in vece di una precedente di età costantiniana, già splendida. Affacciata sulla vastissima piazza cinta dallo scenografico colonnato berniniano, che sembra accogliere le migliaia di fedeli in un abbraccio, più che un luogo di raccoglimento, San Pietro richiama un museo d'arte per le tante inestimabili opere che custodisce.

The heart of Christianity rises impressively on the spot where the apostle, first Bishop of Rome was martyred. The basilica we see today was built following original plans drawn up by Bramante in place of a former Constantinian building that was in itself splendid. It looks over a huge square which is framed by Bernini's scenographic colonnade that seems to embrace believers who gather here in their thousands. San Pietro is also an art museum with the many priceless works it houses.

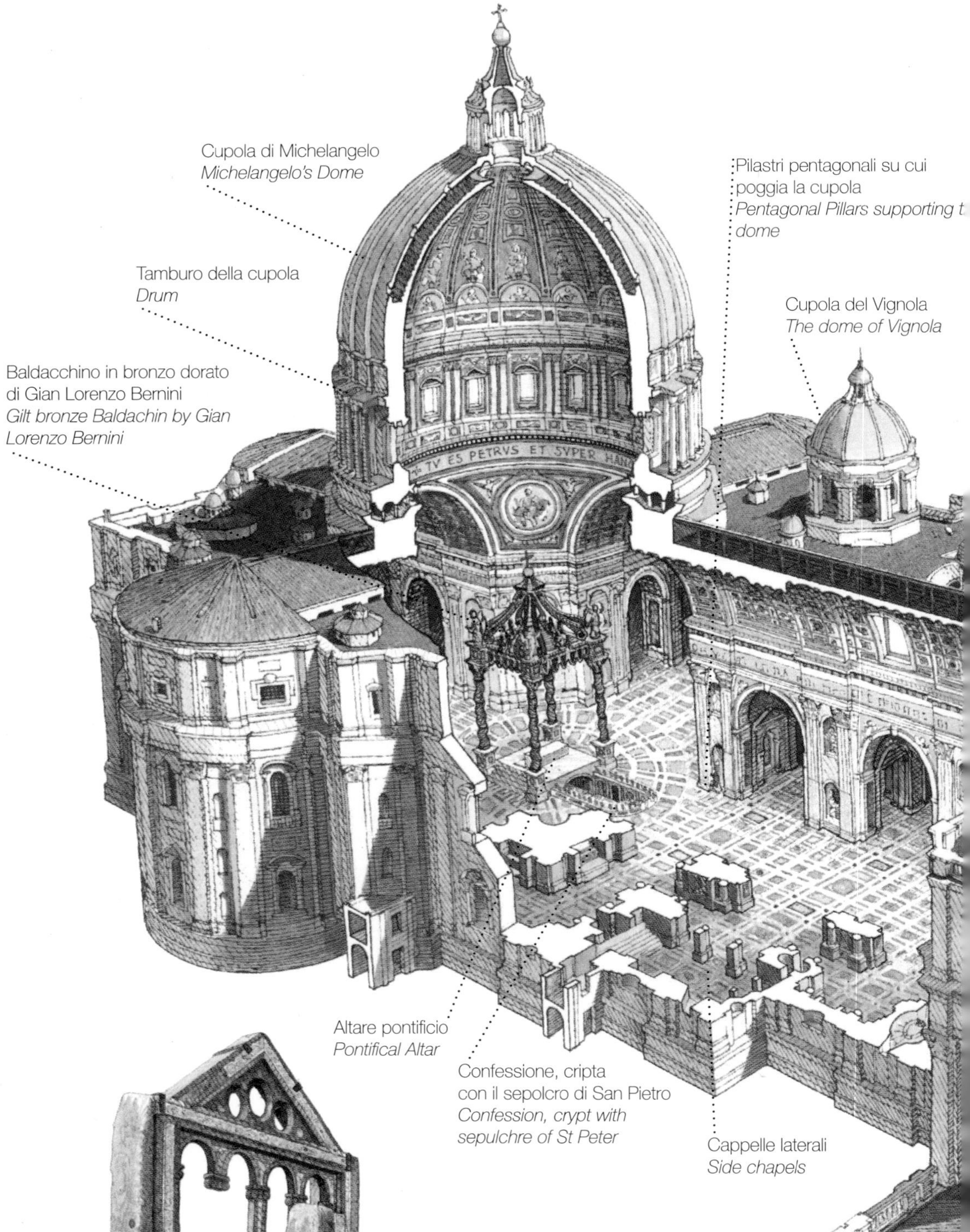

Cupola di Michelangelo
Michelangelo's Dome

Pilastri pentagonali su cui poggia la cupola
Pentagonal Pillars supporting t[he] dome

Tamburo della cupola
Drum

Cupola del Vignola
The dome of Vignola

Baldacchino in bronzo dorato di Gian Lorenzo Bernini
Gilt bronze Baldachin by Gian Lorenzo Bernini

TV ES PETRVS ET SVPER HAN

Altare pontificio
Pontifical Altar

Confessione, cripta con il sepolcro di San Pietro
Confession, crypt with sepulchre of St Peter

Cappelle laterali
Side chapels

CATTEDRA LIGNEA DI SAN PIETRO
THE CHAIR OF ST PETER

CATTEDRA IN GLORIA DEL BERNINI
THE CATHEDRA PETRI BY BERNINI
Facciata di Carlo Maderno
Carlo Maderno's Façade
Atrio
Atrium
Colonnato di Gian Lorenzo Bernini
Gian Lorenzo Bernini's Colonnade

Suggestiva veduta dei Fori Imperiali nella luce del tramonto; sullo sfondo la poderosa sagoma del Colosseo.

Suggestive view of the Fori Imperiali at dusk; the mighty shape of the Colosseum in the background.

BAR
VICOLO
DEL CINQUE
Bibite

Da sinistra, caratteristica viuzza di Trastevere e un particolare della fontana di Nettuno in piazza Navona.

From left, characteristic alley in the Trastevere area and a detail of the fountain of Neptune in Piazza Navona.

Piazza Navona

Scenografico spazio barocco, occupa l'area dello stadio di Domiziano e ne ricalca la forma. Il nome stesso della piazza, dal latino in agone, ricorda i suoi trascorsi 'sportivi'. Vi spiccano i tributi di due maestri della Roma papale: la fontana dei Quattro Fiumi di Bernini e la chiesa di Sant'Agnese *in Agone* di Borromini. L'una di fronte all'altra, indicherebbero secondo la leggenda la rivalità fra i costruttori: così la statua del Rio de la Plata tende una mano come per ripararsi dal crollo della chiesa.

A spectacular Baroque space occupies the Stadium of Domitian and traces its shape. The name of the square comes from the latin agones, games, recalling its past as a venue for athletic events. Tributes to two masters of Papal Rome stand out, the Fontana dei Quattro Fiumi, or Fountain of Four Rivers, by Bernini and the church of Sant'Agnese in Agone by Borromini. One stands in front of the other which is said to indicate the rivalry between the two artists: so the statue of Rio de la Plata holds up one hand in an attempt to protect himself from the collapse of the church.

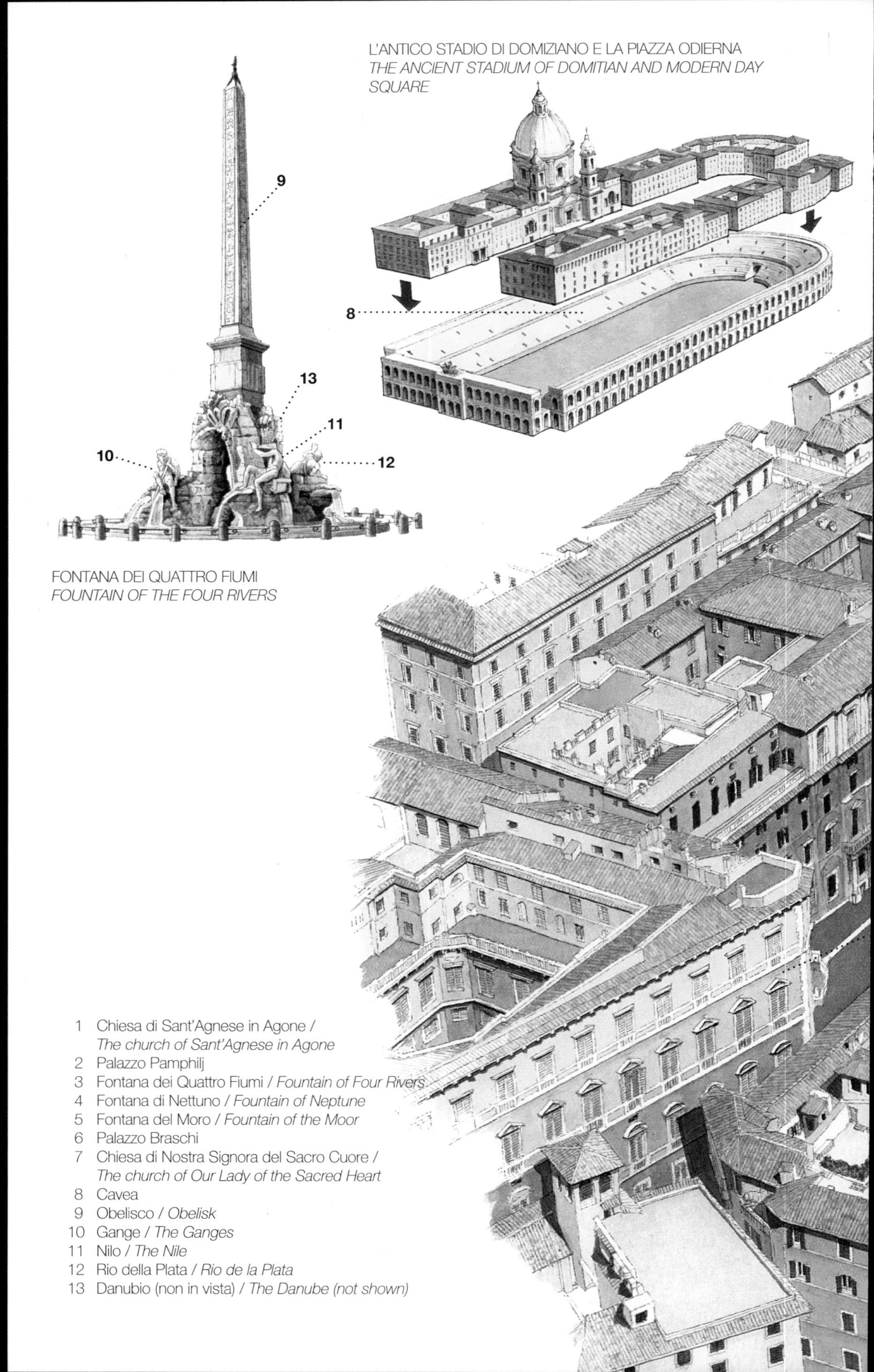

L'ANTICO STADIO DI DOMIZIANO E LA PIAZZA ODIERNA
THE ANCIENT STADIUM OF DOMITIAN AND MODERN DAY SQUARE

FONTANA DEI QUATTRO FIUMI
FOUNTAIN OF THE FOUR RIVERS

1 Chiesa di Sant'Agnese in Agone / *The church of Sant'Agnese in Agone*
2 Palazzo Pamphilj
3 Fontana dei Quattro Fiumi / *Fountain of Four Rivers*
4 Fontana di Nettuno / *Fountain of Neptune*
5 Fontana del Moro / *Fountain of the Moor*
6 Palazzo Braschi
7 Chiesa di Nostra Signora del Sacro Cuore / *The church of Our Lady of the Sacred Heart*
8 Cavea
9 Obelisco / *Obelisk*
10 Gange / *The Ganges*
11 Nilo / *The Nile*
12 Rio della Plata / *Río de la Plata*
13 Danubio (non in vista) / *The Danube (not shown)*

4
9
1
3
7
2
5

L'Aquila

Abruzzo

Dopo il grave terremoto del 2009, L'Aquila attende e merita un'accurata ricostruzione. La città presenta un caratteristico impianto duecentesco, frutto di una delle più grandi imprese urbanistiche dell'età medievale. È costituita da tanti piccoli rioni quante furono le popolazioni dei castelli circostanti che la fondarono: sono i 'locali', ciascuno con una piazza, una chiesa e una fontana, arricchiti da edifici barocchi eretti in seguito a un altro terribile sisma nel 1703.

Following the devastating earthquake of 2009, L'Aquila awaits and deserves meticulous reconstruction. The city features a 13th century structure, which is the result of one of the greatest urban undertakings of the middle-ages. It is planned in lots of little neighbourhoods; one for each of the inhabitants of the surrounding castles which founded the city: they are known as 'locali' (places) each with a square, a church and a fountain, enriched by Baroque buildings erected following another terrible earthquake in 1703.

Da sinistra, Santa Maria
di Collemaggio e la piazza del
Duomo. Alle pagine 112-113,
la fontana delle 99 Cannelle.

*From left, Santa Maria
di Collemaggio and Piazza
del Duomo. On pages 112-113,
The Fountain of 99 Spouts.*

Piazza del Duomo

È una delle più vaste piazze medievali dell'Italia centrale, la sola appartenente all'intera città, ma a nessun 'locale'. In quanto spazio collettivo, è da sempre luogo d'incontro e di mercato assai frequentato dagli aquilani. Oltre al Duomo, di origine duecentesca poi quasi totalmente ricostruito, ospita la bella chiesa di Santa Maria del Suffragio, eretta nel XVIII secolo in un alternarsi di barocco e neoclassico, e due fontane che distinguono la piazza principale dalle altre.

Cathedral Square

It is one of the largest medieval squares in central Italy, and the only one that belongs to the city as a whole and not to any single 'locale'. As a collective space, it has always served as a popular meeting and market area for local people. In addition to the cathedral, originally 13th century but later almost totally rebuilt, the square also houses the pretty church of Santa Maria del Suffragio, built in a mixture of Baroque and neoclassic styles in the 18th century, and two fountains which distinguish the main square from the others.

UNA DELLE DUE FONTANE GEMELLE
ONE OF THE TWIN FOUNTAINS

Cupola di Santa Maria del Suffragio crollata
Dome of St Mary of Suffrage, collapsed

5

1 Duomo / *Cathedral*
2 Palazzo arcivescovile / *Archiepiscopal Palace*
3 Palazzo delle poste / *The Post House*
4 Santa Maria del Suffragio / *St Mary of Suffrage*
5 Cupola di G. Valadier / *G. Valdier's Dome*
6 Palazzo Betti
7 Palazzo Cipolloni-Cannella
8 Palazzo Federici
9 Ex collegio dei notai / *Former College of Notaries*
10 Fontane gemelle di N. d'Antino / *Twin Fountains by N. d'Antino*

G. Pomella

Tetto del Duomo parzialmente crollato
Dome roof, partially collapsed
1
2
3
4
7
8
9
10
10

Sepino
Molise

Sepino sorge su un colle boscoso al margine del massiccio del Matese, in provincia di Campobasso. È un piccolo paese, che rivela il sereno volto d'altri tempi nell'elegante piazza e nel dedalo di viuzze acciottolate abbellite da balconi fioriti e muretti coperti di odorosa paretaria. Nella vicina valle, in località Altilia, si scopre uno dei più importanti siti archeologici del Molise: la Saepinum romana, che documenta le fasi più antiche della colonizzazione di questo territorio.

Sepino rises on a woody hill on the edge of the Matese Mountains in the provinceof Campobasso. It is a small town with the quiet atmosphere of yesteryear in its elegant central square and maze of tiny cobbled streets lined with flower-filled balconies and walls covered with scented pellitory. In the nearby valley, at Altilia, is one of the most important archaeological sites in Molise: the Saepinum Romana, which records the oldest stages of colonisation of these lands.

La monumentale porta Bojano nell'area archeologica.
Alle pagine 118-119, il teatro romano e le abitazioni rurali.

The monumental gate of Bojano in the archealogical zone. On pages 118-119, the Roman theatre and rural houses.

COS·II·IMP·II·TRIB·POTEST·VI
ERMANICVS·AVGVR·COS·IMP·
RRIS· ST·F·C·

Saepinum

Cinta da mura intercalate da porte monumentali e torri, la città romana è ben leggibile nei tanti resti tra cui spiccano il teatro, la porta Bojano, la Basilica e l'area del Foro. Ma il sito è particolarmente suggestivo, forse unico, perché evidenzia una seconda componente storica. Qui la vita è continuata: lo dicono le case rurali che fino all'inizio del Novecento si sono sovrapposte all'insediamento antico, ricavandone materiali, e che ora sono state destinate a spazi museali.

The city walls are punctuated with monumental gateways and towers; the Roman city is easily identifiable amongst the many remains including the theatre, the Bojano gate, the cathedral and the forum area. This site, however, is particularly fascinating - perhaps even unique - thanks to a second historical component: here, life perpetuates. Up until the beginning of the 1900s, rural houses were built on the ancient settlement, with original materials that have now been moved into museums.

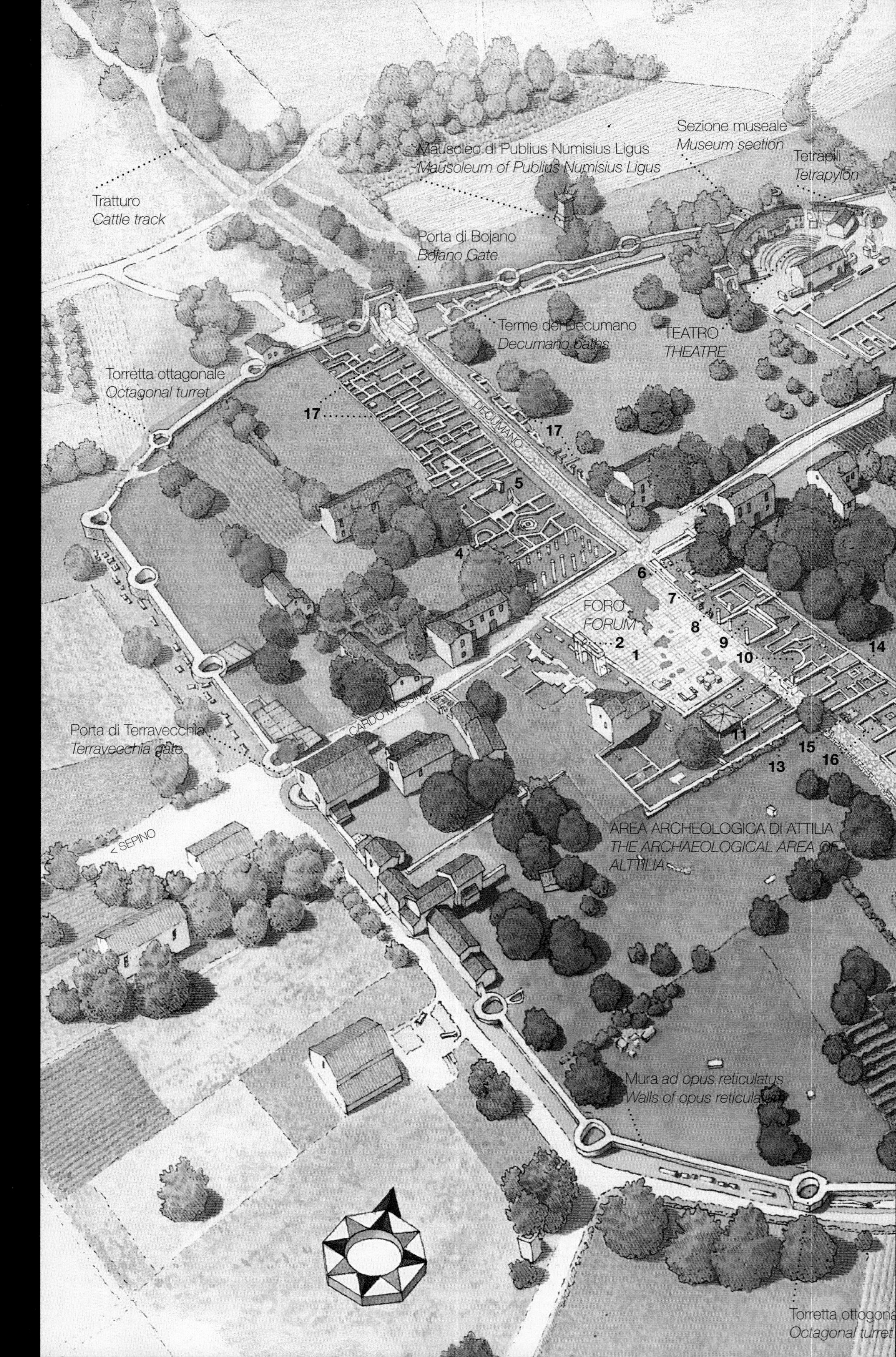

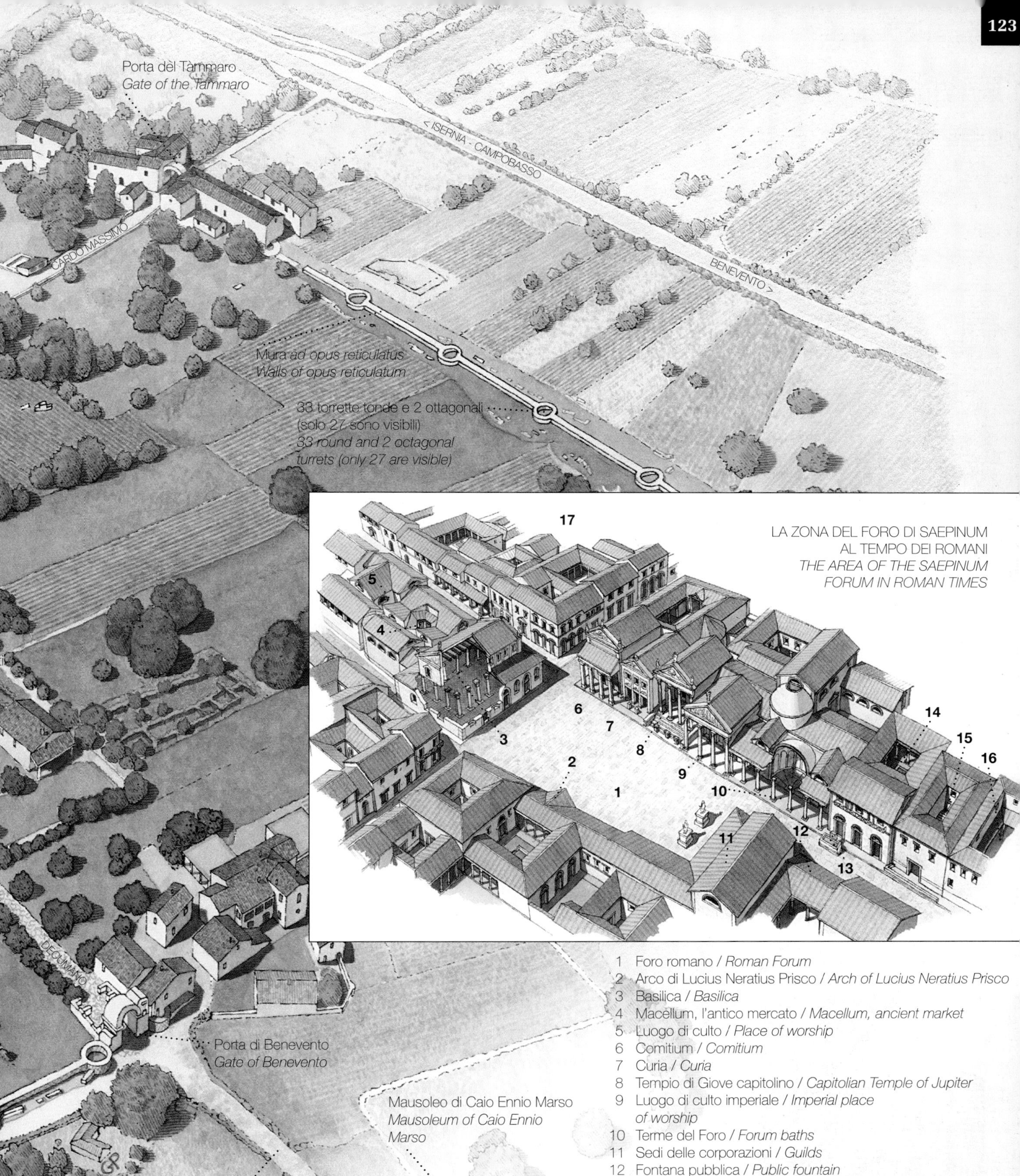

1 Foro romano / *Roman Forum*
2 Arco di Lucius Neratius Prisco / *Arch of Lucius Neratius Prisco*
3 Basilica / *Basilica*
4 Macellum, l'antico mercato / *Macellum, ancient market*
5 Luogo di culto / *Place of worship*
6 Comitium / *Comitium*
7 Curia / *Curia*
8 Tempio di Giove capitolino / *Capitolian Temple of Jupiter*
9 Luogo di culto imperiale / *Imperial place of worship*
10 Terme del Foro / *Forum baths*
11 Sedi delle corporazioni / *Guilds*
12 Fontana pubblica / *Public fountain*
13 Terme del Foro / *Fountain of the Griffon*
14 Casa dell'impluvio sannitico / *House of the samnitic impluvium*
15 Mulino ad acqua / *Water mill*
16 Fullonica / *Wash and dye house*
17 Abitazioni / *Homes*

Napoli
Campania

Vegliata dall'inquietante mole del Vesuvio, Napoli si affaccia sull'omonimo golfo in una cornice paesaggistica d'eccezione. E il suo patrimonio artistico e architettonico non è da meno: dal gotico angioino al rinascimento degli Aragonesi, fino a un tripudio di barocco e rococò dell'epoca d'oro. Ecco perché il suo centro storico è considerato dall'Unesco Patrimonio dell'Umanità. Ma ovunque, per strade e vicoli, nei chiassosi mercati, la città sembra esplodere di colore ed energia.

Vesuvius, a disquieting bulk, looms over the city of Naples which in turn looks out over the bay of the same name, creating an exceptional landscape. Its artistic and architectural heritage is equally as stunning: from the Gothic Angevin to Aragonese Renaissance to a spectacular display of baroque and rococo in the golden period. This is why Unesco has listed its historic centre as part of world heritage. Everywhere, however, along streets and alleys, in noisy markets, the city seems to explode with colour and energy.

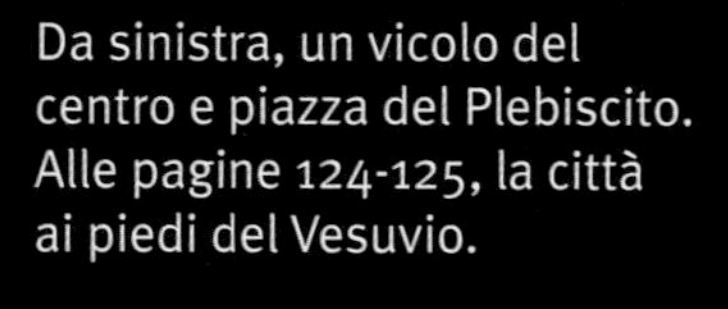
Da sinistra, un vicolo del centro e piazza del Plebiscito. Alle pagine 124-125, la città ai piedi del Vesuvio.

From left, a street in the centre and Piazza del Plebiscito. On pages 124-125, the city at the foot of Vesuvius.

Castel Nuovo o Maschio Angioino

Possente mole turrita a guardia del porto, Castel Nuovo fu in origine la residenza degli Angiò, poi riconvertita in fortezza dagli Aragonesi. Polo di attrazione del complesso, nonché opera fondamentale per la storia dell'arte quattrocentesca nell'Italia meridionale, è il portale di accesso alla città, bianco arco di Trionfo che celebra l'ingresso a Napoli di Alfonso I d'Aragona e rimanda all'arte romana. Nell'interno, tra belle sale e cappelle, espone i suoi tesori il Museo civico.

A strong turreted mass guarding the port, Castel Nuovo was originally the home of the Angiò family, later converted into a castle by the Aragonese. The central attraction of this construction, in addition to being a fundamental element in the history of 15th century southern Italian art, is the entrance gate to the city, a white arch of triumph that celebrated the arrival of Alfonso I of Aragon to Naples and is reminiscent of Roman art. Inside, amidst beautiful halls and chapels, the City Museum now exhibits its treasures.

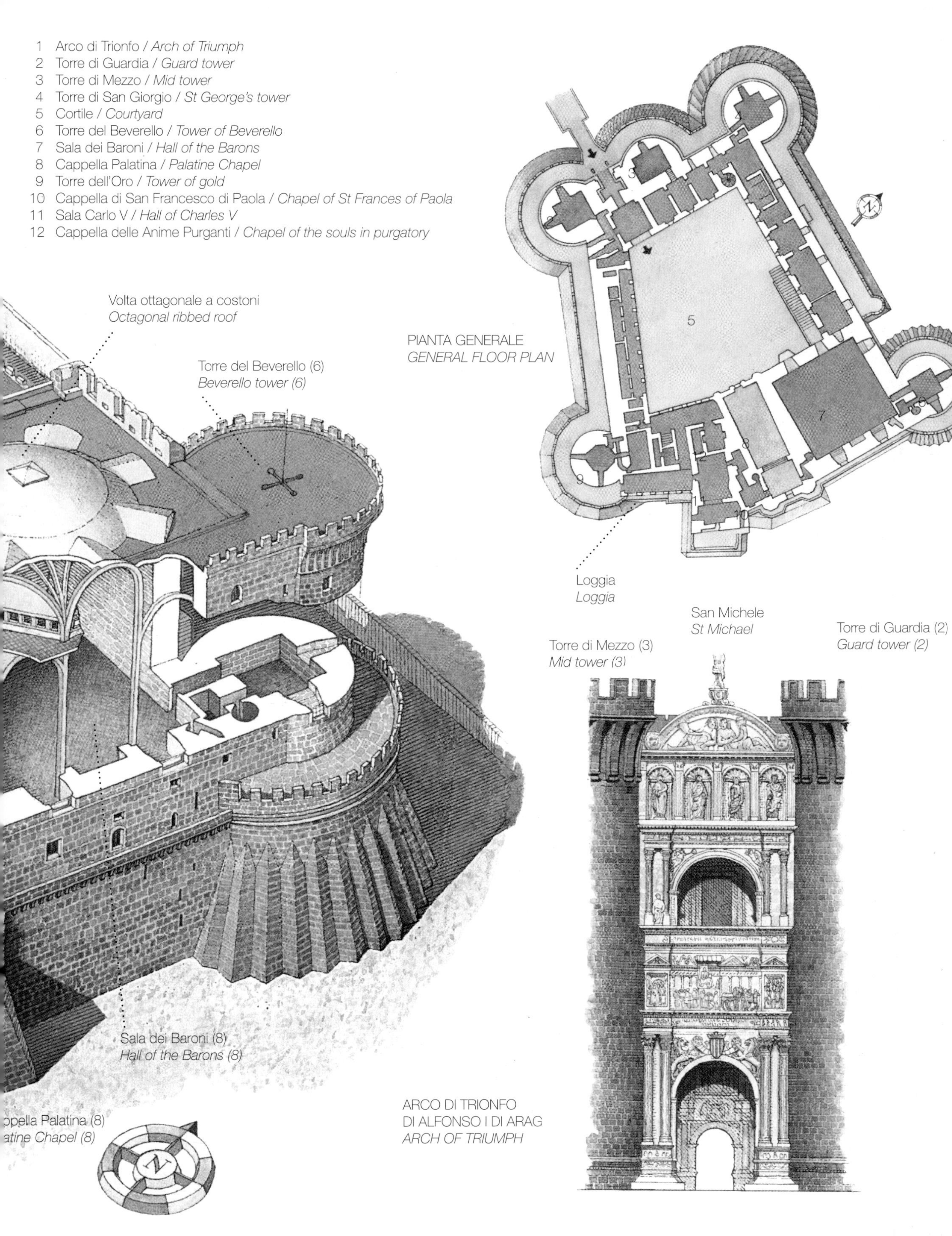
1 Arco di Trionfo / Arch of Triumph
2 Torre di Guardia / Guard tower
3 Torre di Mezzo / Mid tower
4 Torre di San Giorgio / St George's tower
5 Cortile / Courtyard
6 Torre del Beverello / Tower of Beverello
7 Sala dei Baroni / Hall of the Barons
8 Cappella Palatina / Palatine Chapel
9 Torre dell'Oro / Tower of gold
10 Cappella di San Francesco di Paola / Chapel of St Frances of Paola
11 Sala Carlo V / Hall of Charles V
12 Cappella delle Anime Purganti / Chapel of the souls in purgatory
Volta ottagonale a costoni
Octagonal ribbed roof
Torre del Beverello (6)
Beverello tower (6)
PIANTA GENERALE
GENERAL FLOOR PLAN
5
7
Loggia
Loggia
San Michele
St Michael
Torre di Mezzo (3)
Mid tower (3)
Torre di Guardia (2)
Guard tower (2)
Sala dei Baroni (8)
Hall of the Barons (8)
ppella Palatina (8)
atine Chapel (8)
ARCO DI TRIONFO
DI ALFONSO I DI ARAG
ARCH OF TRIUMPH

DECORANDIS
ELEGANTIOR VE PATEFACTVS

Lecce

Puglia

In una piana all'estremo del 'tacco d'Italia', Lecce appare al visitatore raccolta, ovattata, elegante e suggestiva. In particolar modo al calare del sole quando, illuminata dal chiarore delle moderne lanterne, mette in mostra il complesso unitario di tesori artistici che le valsero l'appellativo di 'Firenze del barocco'. Il buon gusto e l'eleganza degli edifici sacri e nobiliari compongono una sinfonia di fregi e ornamenti di straordinaria unitarietà, suscitando continuo stupore.

On a level tract of land at the very tip of the 'heel of Italy', Lecce appears to be secluded, cosy, elegant and pictoresque. Particularly at sunset, when the city is illuminated by light emanating from modern lanterns, it shows off a harmonious complex of artistic treasures, winning it the name of 'Florence of the Baroque'. The impeccable taste and elegance of sacred and stately buildings compose a symphony of decorations and ornaments of extraordinary harmony, which provide constant surprises.

Da sinistra, una via della città vecchia e l'elaborato rosone di Santa Croce. Alle pagine 130-131, scorcio di piazza del Duomo.

From left, a street in the old town and elaborate rose on the front of the Santa Croce church. On pgs 130-131, a view of Piazza del Duomo.

Piazza del Duomo

Un propileo coronato da balaustra con statue segna l'ingresso a questo ampio 'cortile', aperto alla città solo nel 1761, profilato da edifici che sono tra le maggiori espressioni del barocco leccese. L'immagine che formano, grazie anche al colore della pietra locale, è assai suggestiva. La piazza acquisì particolare importanza a partire dal Quattrocento, assolvendo di volta in volta a funzioni religiose, civili e militari; qui si teneva la frequentatissima fiera del Vescovado.

Cathedral Square

A propylaeum, crowned by a balustrade decorated with statues, marks the entrance to this large 'courtyard'; it wasn't opened to the city until 1761 and is profiled by the best examples of the Lecce baroque. The image that these form, thanks also to the colour of the local stone, is quite suggestive. The square became specially important from the 1400s when it was the centre stage of religious, civil and military, events; the busy 'Vescovado' exhibition was also held here.

1 Campanile a cinque ordini / *Five-tier bell tower*
2 Edicola ottagonale a cupola / *Octagonal dome aedicule*
3 Duomo / *Dome*
4 Facciata laterale barocca / *Lateral Baroque façade*
5 Arco trionfale con statua di sant'Oronzo / *Arch of triumph with a statue of St Oronzo*
6 Facciata principale / *Main façade*
7 Palazzo del Vescovado / *Bishop's Palace*
8 Basamento a bugnato / *Ashlaring base*
9 Loggiato ad archi / *Arched loggia*
10 Orologio / *Clock*
11 Palazzo del Seminario / *Seminary Palace*
12 Bugnato liscio con paraste / *Flat ashlar with parastades*
13 Loggia a tre archi / *Three-arched loggia*
14 Finestre decorate / *Decorated windows*
15 Palazzi gemelli / *Twin palaces*
16 Propilei di accesso alla piazza / *Propylaeum access to the square*

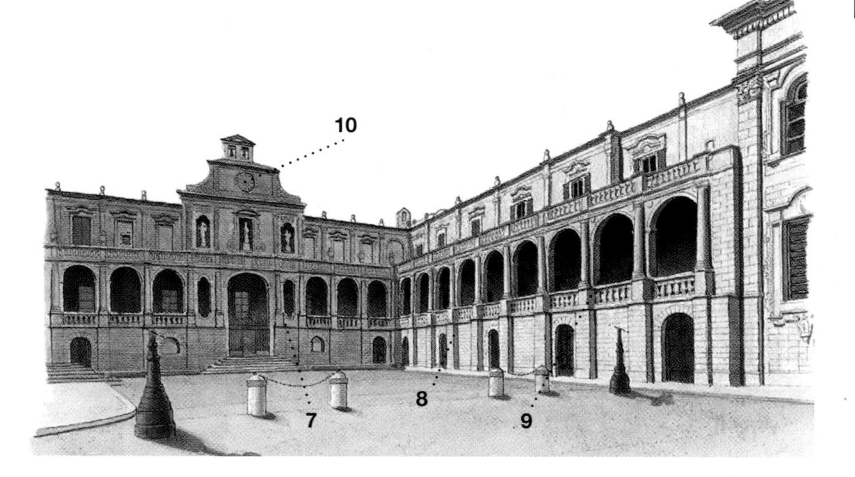

PALAZZO DEL VESCOVADO *BISHOP'S PALACE*
La piazza del Duomo è racchiusa da edifici barocchi tra cui spicca il palazzo del Vescovado. Una loggetta animata da un trittico di statue sovrastato da un orologio campeggia sul portico del corpo centrale dell'edificio (1420/1425). / *The Bishop's Palace is one of the Baroque buildings which line the Piazza del Duomo. A loggia features a triptych of statues which are overhung by a clock dominating the portico in the central section of the building.*

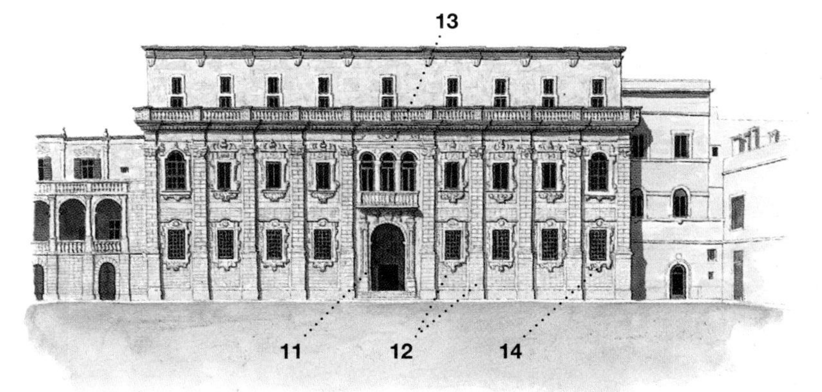

SEMINARIO *SEMINARY*
Il monumentale palazzo del Seminario risale agli anni fra il 1694 e il 1709. Dieci alte paraste scandiscono il ritmo dell'armoniosa e ricca facciata, impostata su un alto basamento a bugnato liscio. / *The monumental seminary palace dates to between 1694 and 1709. Ten tall parastades evenly mark out the rich and harmonious façade which lies on a base of flat ashlar.*

Matera

Basilicata

Bella nella sua parte sei-settecentesca, sul piano al ciglio di una gravina, Matera offre uno scenario addirittura unico nei rioni più antichi, che ammantano la parete della profonda scarpata. Sono i famosi Sassi, il Caveoso e il Barisano, Patrimonio dell'Umanità dell'Unesco: una selva di case, chiese, vie, piazze e scalinate scavate direttamente nella roccia che, sovrapponendosi le une alle altre, formano un insediamento urbano perfetto e fittissimo dal fascino primordiale.

On a plain on the edge of a ravineMatera is stunning in the areas dating to the 16-1700s, offering unique scenes in the oldest parts of the town, which cover the steep rock face. These are the famous Sassi 'stones of Matera', known also as 'the Caveoso' and 'the Barisano', a Unesco World Heritage site: a multitude of houses, squares and steps hewn directly into the rock, which overlap and form a perfect, tightly-packed urban settlement with primordial appeal.

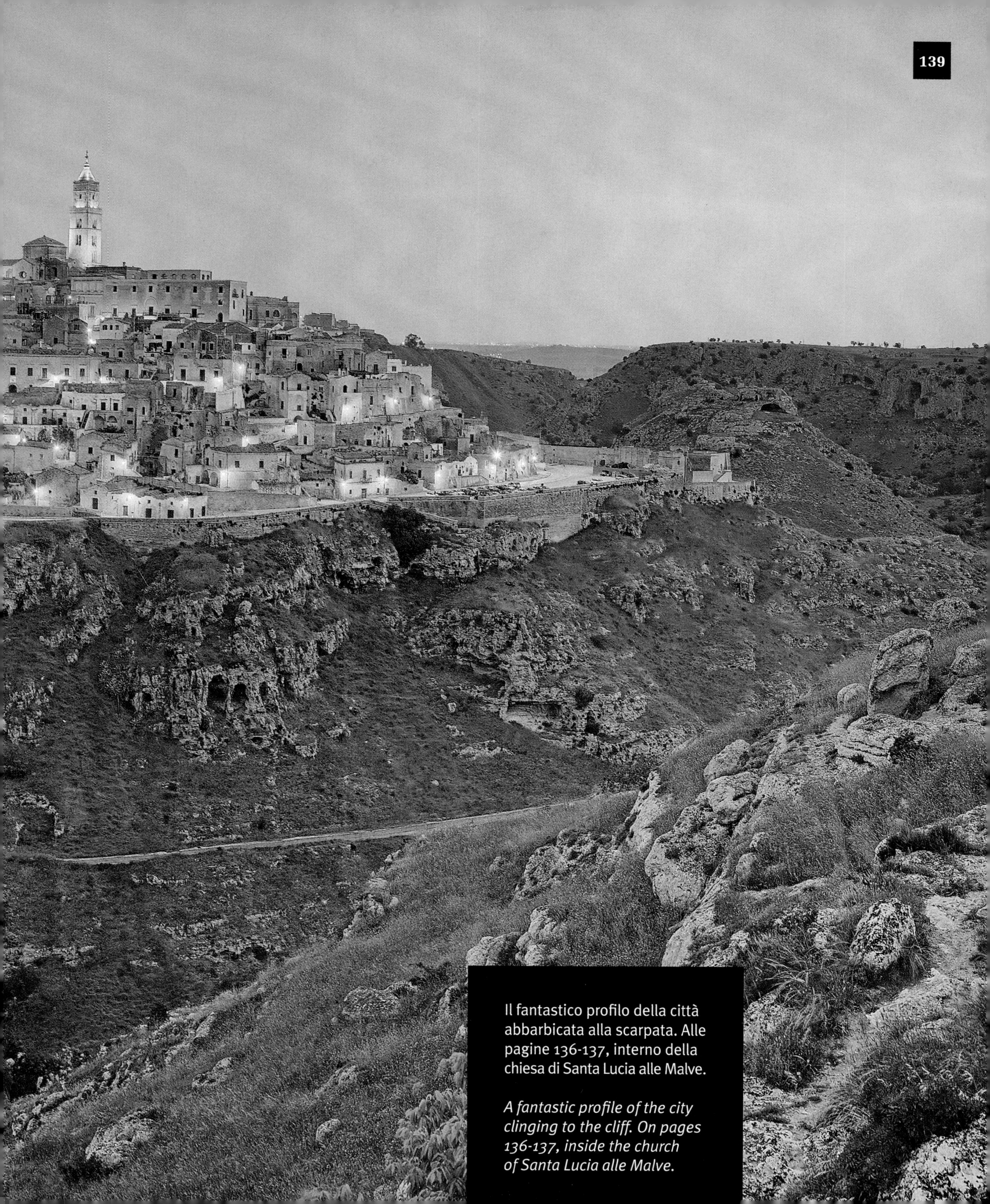

Il fantastico profilo della città abbarbicata alla scarpata. Alle pagine 136-137, interno della chiesa di Santa Lucia alle Malve.

A fantastic profile of the city clinging to the cliff. On pages 136-137, inside the church of Santa Lucia alle Malve.

Santa Lucia alle Malve

I numerosi, pregevoli affreschi riportati in luce dai restauri fanno di questa chiesa un luogo di visita da non perdere. Fondata intorno al Mille nel Sasso Caveoso, è suddivisa in tre navate, una delle quali è sempre rimasta aperta al culto, mentre le altre sono state abitate fino al 1960. Sul soffitto piano, sostenuto da robusti pilastri, sono incisi cerchi concentrici che simulano cupolette e sulla volta si notano i resti dell'iconostasi, elemento tipico della liturgia orientale.

Extensive and exquisite frescoes, which were brought to the light by restoration work, mean that a visit to this church cannot be missed. Founded around the year 1000 in Sasso Caveoso, it is divided into three naves; one of these has always been open for worship whilst the others were accessible until 1960. On the flat roof, supported by strong pillars, are engravings of concentric circles simulating small domes and on the vault remains of iconostasis are visible, a typical element of oriental liturgy.

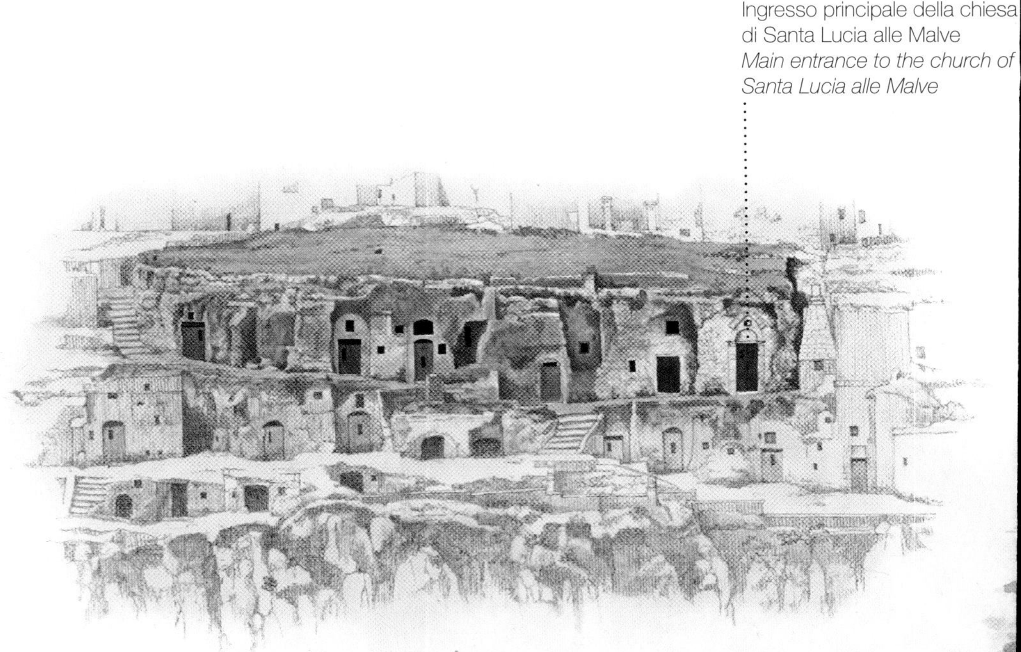

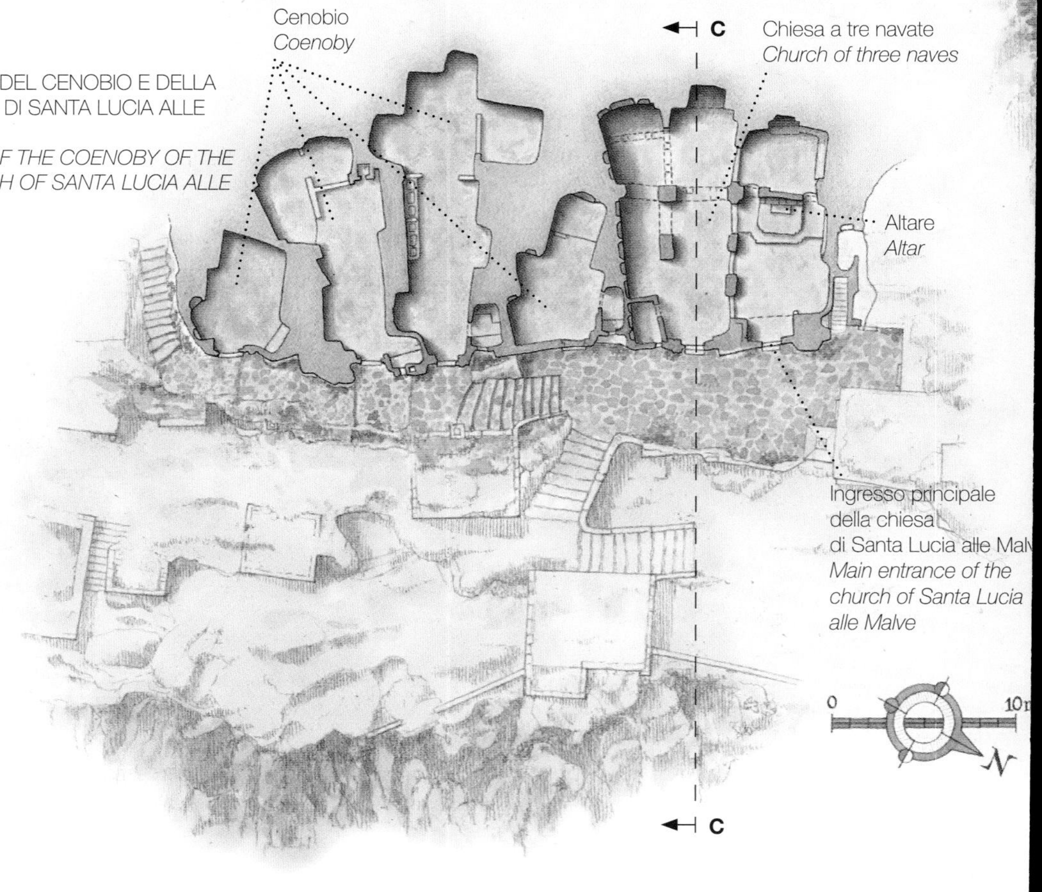

PIANTA DEL CENOBIO E DELLA CHIESA DI SANTA LUCIA ALLE MALVE
PLAN OF THE COENOBY OF THE CHURCH OF SANTA LUCIA ALLE MALVE

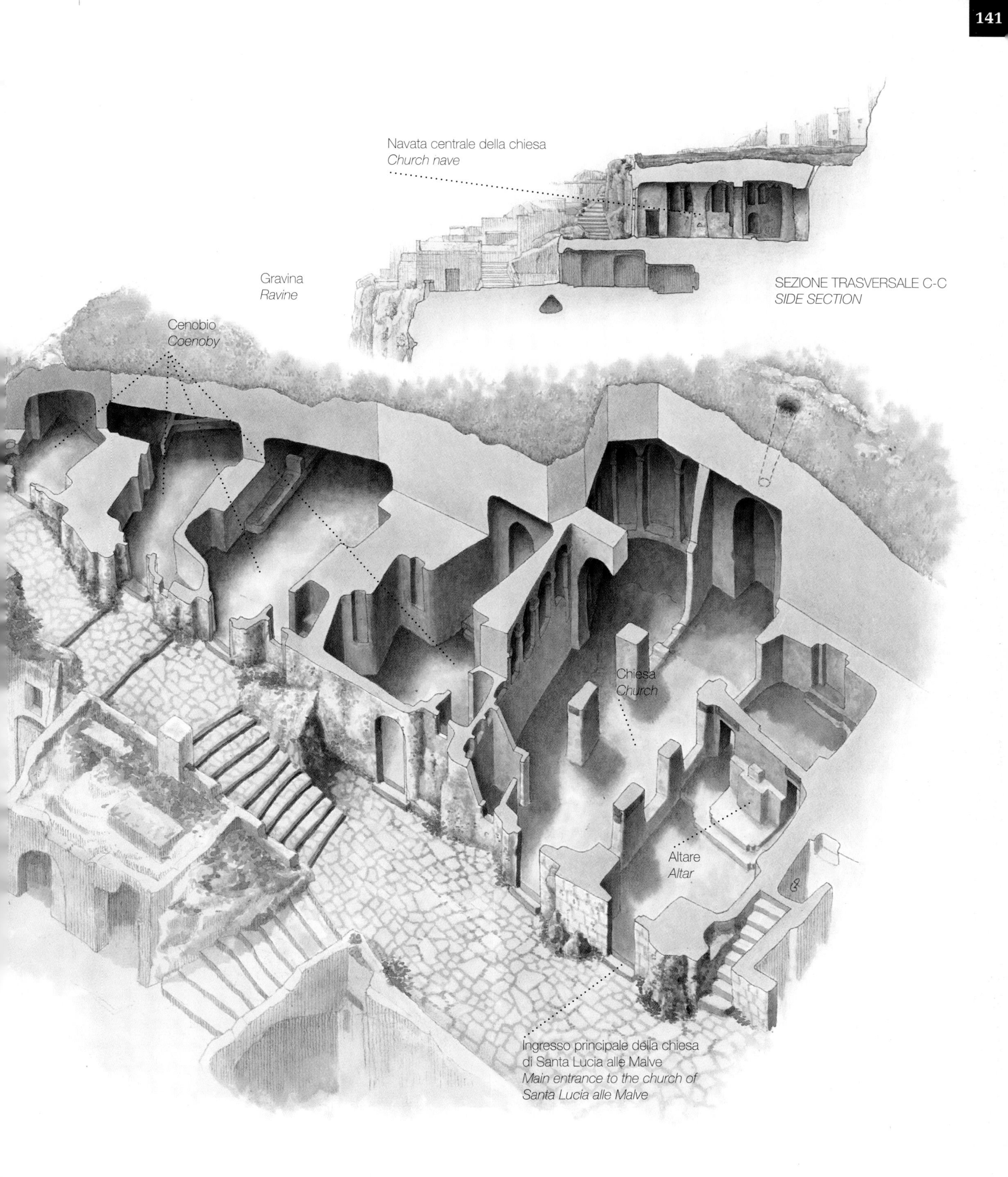
Navata centrale della chiesa
Church nave
Gravina
Ravine
SEZIONE TRASVERSALE C-C
SIDE SECTION
Cenobio
Coenoby
Chiesa
Church
Altare
Altar
Ingresso principale della chiesa
di Santa Lucia alle Malve
Main entrance to the church of
Santa Lucia alle Malve

Stilo

Calabria

Disposto a gradinate sopra un pendio a ulivi e viti, è un borgo del Reggino che rievoca atmosfere antiche, con case di pietra scura che paiono dipinte sulla roccia. Divenuto nel X secolo il principale centro bizantino della Calabria meridionale, tant'è che ancora vi si parla un dialetto simile al greco antico, accolse eremiti e monaci basiliani che abitarono le sue grotte e costruirono la Cattolica, tra i più importanti e singolari monumenti della regione.

Arranged in steps on an olive and vine covered slope, is a hamlet of the Reggio area that evokes an atmosphere of ancient times, with dark stone houses that look as if they have been painted on to the rock. The settlement became the main Byzantine centre of southern Calabria in the 10th century, so much so that a dialect is still spoken here which sounds similar to ancient Greek; hermits and Basilian monks were who lived in the nearby caves and built what is one of the most important and singular monuments of the region, the Cattolica church.

Da sinistra, i dintorni del borgo e un momento della tradizionale giostra medievale. Alle pagine 142-143, la Cattolica.

From left, surroundings of the hamlet and a moment of traditional medieval entertainment. On pages 142-143, La Cattolica.

La Cattolica

L'impianto dell'edificio, mantenutosi intatto, segue un modello tipologico diffusissimo nel mondo bizantino. Interamente in mattoni, coronato da cinque cupolette, fu eretto nel X secolo su un poggio isolato, come *katholicón*, chiesa principale di un cenobio basiliano. Nell'interno conserva colonne tratte da più antichi monumenti e con capitelli rovesciati, tracce di affreschi databili fino al XV secolo e iscrizioni in arabo, forse segno di una temporanea conversione a moschea.

The plan of the building, which is still intact, follows a widespread Byzantine model. Construction dates back to the 10th century and like katholicón *- the main church of the Basilian coenobium - it sits on an isolated hillock; it is built entirely in bricks and is crowned with five domes. The interior conserves columns from older buildings with upturned capitals, traces of frescoes dating up to the 15th century and Arabic inscriptions which may be an indication of a temporary conversion into a Mosque.*

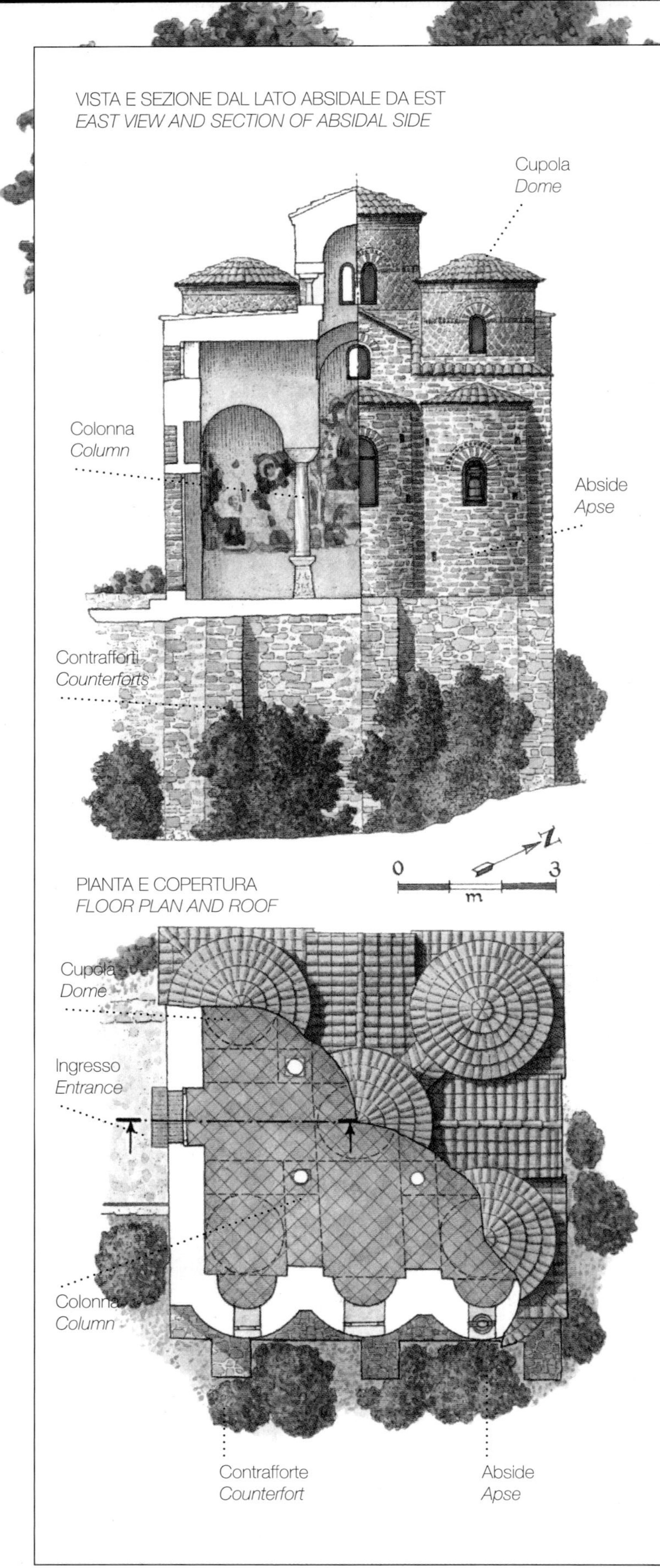

VISTA PROSPETTICA E SPACCATO DA OVEST
WEST PERSPECTIVE VIEW AND CUTAWAY

€ 2.50

Palermo

Sicilia

Crocevia di grandi civiltà fin dai tempi antichi, Palermo risplende nella calda luce del Mediterraneo come un miraggio sospeso tra Oriente e Occidente. Per le sue antiche strade aleggia un profumo di fiori e spezie che rammenta bazar di altri mondi. Ovunque si colgono tracce del suo nobile e poliedrico passato, che dalle suggestioni arabo-normanne conducono al fasto rinascimentale e barocco di gusto spagnolo e, infine, al neoclassico e alle ville liberty del XVIII e XIX secolo.

Palermo has been a crossroads for great civilisations since ancient times and glows in the warm Mediterranean light like a mirage suspended between east and west. The scent of flowers and spices wafts along the streets recalling bazaars of other nations. Traces of the city's noble and polyhedric past can be found everywhere, which from Arab-Norman tinges lead through to a feast of Renaissance and Spanish-style Baroque; and finally to the Neoclassic period and Liberty-style villas of the 18th and 19th centuries.

PALERMO
OPERIBVS CR

Da sinistra, Santa Maria Assunta e le cupole di San Giovanni degli Eremiti. Alle pagine 148-149, il mercato della Vuccirìa.

From left, Santa Maria Assunta and the domes of San Giovanni degli Eremiti. On pages 148-149, the Vuccìria market.

San Giovanni degli Eremiti

È un complesso di enorme suggestione, ornato da un giardino di palme ed essenze esotiche. La chiesa, squadrato edificio coronato da cinque cupolette rosse, è un superbo saggio d'arte arabo-normanna. Fondata da Ruggero II nel 1130, era affiancata da un monastero di cui oggi rimane il prezioso chiostro cinto da archi ogivali su colonnine binate. Addossata a una parete della chiesa è la cosiddetta Sala araba, ambiente rettangolare probabilmente parte di una preesistente moschea.

This is a very evocative complex, embellished by a garden of palms and exotic essences. The church, a square building crowned by five red domes, is a superb taste of Arab-Norman art. Ruggero II founded the church in 1130 next to a monastery, whose precious cloisters, lined by ogival arches on twin columns, still remain today. Against one wall of the church is the so-called Arab Hall, a rectangular room that was probably part of a pre-existing mosque.

CORPO NOVECENTESCO
19TH CENTURY STRUCTURE

Arcate ogivali del monastero
Ogival monastery arches

CASA DEL PRIORE (O DELL'ABATE)
PRIOR'S (OR ABBOT'S) HOUSE

CHIOSTRO
CLOISTER

Coppie di colonnine con capitelli a foglie d'acanto e basi a tre "tori"
Pairs of columns with capitals decorated with acanthus leaves and three-torus bases

Corridoi perimetrali senza le coperture a falda distrutte nella II Guerra Mondiale
Perimeter walls with no pitch roofs as they were destroyed in WWII

Muro esterno del chiostro
External wall of the cloister

Muro di cinta con camminamento urbico
Perimeter wall with urbic communication trench

Due cupole emisferiche grandi
Two large hemispheric domes
Torre campanaria
Bell tower
Finestrature incorniciate da ghiere multiple rincassate
Windows framed with multiple encased arched lintels
Tamburi di sostegno delle cupole non visibili dall'esterno
Drums which support the domes and cannot be seen from outside
Tre cupole emisferiche piccole
Three small hemispherical domes
Transetto
Transept
Passerella sullo scavo archeologico che collega il transetto alla "Sala Araba"
Passageway, over the archeological dig, which links the transept the "Hall of Arabia"
Tetto più recente e rialzato con volte a crociera impostato su otto archi ogivali
More recent roof and cross-vaulted elevation on eight ogival arches
Navata a due campate quadrate
Nave with two square spans
SALA ARABA
HALL OF ARABIA
Ingresso alla chiesa
Entrance to the church
CORTE PRINCIPALE
MAIN COURTYARD
GP

Abbasanta

Sardegna

La costa vicina a Oristano offre straordinarie spiagge e acque cristalline. L'area deve la sua fama soprattutto alla bellezza del mare, ma nell'entroterra, un tempo ricco di sorgenti naturali e popolato fin da epoche remotissime, ci sono preziose testimonianze storiche come dolmen, pozzi sacr[illegible]ombe dei Giganti e il nuraghe Losa. L'antica costruzione neolitica si trova nel comune agricolo di Abbasanta, sull'omonimo altopiano ricoperto di sughere, olivastri e lentischi.

The coast of Sardinia offers spectacular beaches and crystal clear waters. The province of Oristano also owes its fame mainly to the beauty of the sea, but inland, once rich in natural springs and populated by man very early on, there are precious historical signs such as dolmen, sacred well[illegible]ants' tombs, and the Nur[illegible] Losa The ancient megalithic construction is located in a small agricultural town named Abbasanta, on an upland plain of the same name, which is covered in cork trees, olive groves and mastic trees.

Da sinistra, la copertura interna del nuraghe Losa e l'aspetto esterno. Alle pagine 154-155, una spiaggia del Sinis nell'oristanese.

From left, the Nuraghe tops from the inside and outside. On pages 154-155, a beach of the Sinis Peninsula in the Oristano area.

Nuraghe Losa

Il complesso del nuraghe Losa risale al II millennio a.C. ed è fra i monumenti preistorici più importanti dell'isola: come tutte le vestigia del periodo è avvolto da un'aura di magia e mistero. La sua parte più arcaica è formata da una torre a due piani, con camere centrali sovrapposte coperte a falsa volta, che venne poi inglobata in un bastione triangolare con tre torri. Un giro di mura p[illegible] ampio proteggeva i[illegible] villaggio all'intorno. Il sito fu abitato fino in età bizantina.

The Nuraghe Losa dates back to the second millennium BC and is one of the most important prehistoric sights of the island: like all vestiges of the period it is cloaked in magic and mystery. Its oldest part forms a two-floor tower, with two central rooms placed one above the other and covered with a false vault, which was then incorporated in a triangular bastion with three towers. The village was protected on all sides b[illegible]g of larger walls. The settlement was inhabited until Byzantine times.

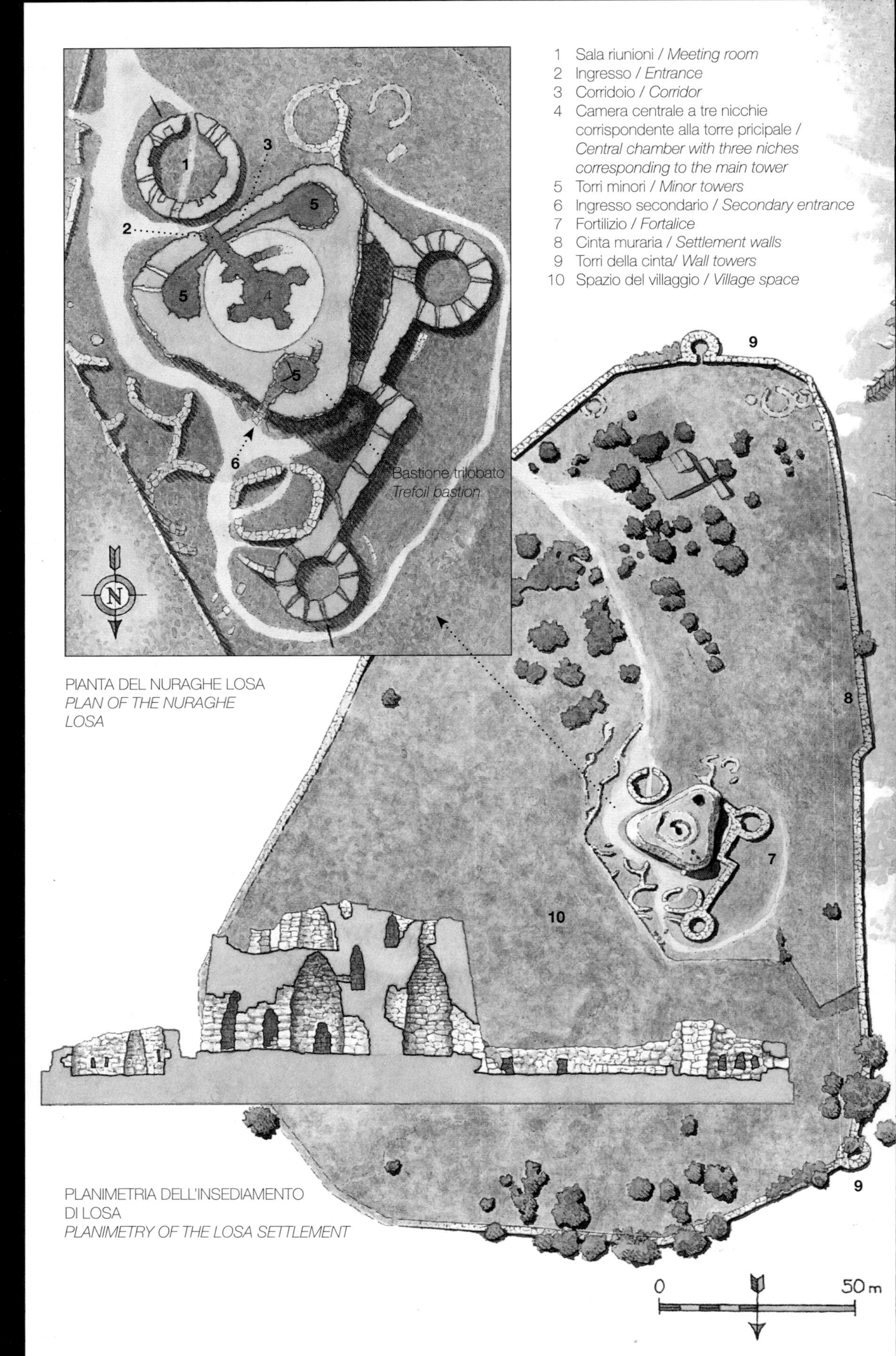

PIANTA DEL NURAGHE LOSA
PLAN OF THE NURAGHE LOSA

PLANIMETRIA DELL'INSEDIAMENTO DI LOSA
PLANIMETRY OF THE LOSA SETTLEMENT

Torre centrale del fortilizio
Central tower of the fortalice
Sala riunioni del consiglio
Council meeting hall
Bastione trilobato
Trefoil bastion
Accesso secondario alla torre settentrionale
Secondary access to the northern tower
Torri della cinta difensiva esterna
Towers in the outer defence wall
GP

Referenze fotografiche / *Photographic References*

iStockphoto: pag. 10-11, 79; C.G. Colombo pag. 13, 90; M. Dixon pag. 48-49; DNY59 pag. 82-83; D. Long pag. 126; Naten pag. 64-65; B. Tuncer pag. 76-77. Marka: Bahnmueller pag. 124-125; W. Bibikow pag. 130-131, 133; M. Brivio pag. 150-151; W. Buss pag. 52-53; C. Ciabochi pag. 154-155, 156-157; M. Cristofori pag. 132-133; I. Cumming pag. 112-113; D. Donadoni pag. 151; P.E. Forsberg pag. 148-149; Gimas pag. 114-115; P. Giovannini pag. 144-145; C. Kreutzer pag. 54; J. Larrea pag. 102; O. Olivieri pag. 156; P. Ongaro pag. 136-137; B. Perousse pag. 24-25; W. Perry pag. 100-101; S. Politi pag. 109; H. Sollinger pag. 144; I. Vdovin pag. 54-55. M. Rigoselli pag. 61. Simephoto: N. Angeli pag. 40-41; G. Baviera pag. 28-29, 73; M. Borchi pag. 36, 118-119, 120-121; P. Canali pag. 66; L. Da Ros pag. 16-17; Demma pag. 22-23; C. Dutton pag. 36-37, 102-103; O. Fantuz pag. 12-13, 58-59; J. Huber pag. 42-43, 46-47, 66-67; Kaos03 pag. 84-85; A. Piai pag. 138-139; L. Piatta pag. 18-19; S. Raccanello pag. 88-89; S. Renier pag. 34-35; M. Ripani pag. 18, 96-97; S. Scatà pag. 48; A. Serrano pag. 108-109; G. Simeone pag. 85, 94-95, 142-143; R. Spila pag. 106-107; S. Torrione pag. 25. Tips: M. Chapeaux pag. 31; M. Pedone pag. 72-73; G.A. Rossi pag. 78-79, 91; R. Sala pag. 60-61; L. Simon pag. 126-127; M.E. Smith pag. 70-71; Top Photo pag. 30-31; W. Zerla pag. 43, 115.